Alain Pelosato

Bestiaire du cinéma fantastique

Table des matières

sfm éditions
ISBN 978-2-915512-28-1
9782915512281
Dépôt légal janvier 2019

Le Géant de la steppe

Image de couverture : *Starship Troopers*

Avertissement

Voici le dixième volume de ma collection « Taxinomie du cinéma fantastique ».

Je traite ici du bestiaire qu'on retrouve dans les films fantastiques et de SF.

Bien sûr vous retrouverez certains des films traités ici dans certains autres volumes, puisqu'ils sont représentatifs de plusieurs thèmes.

J'ai donc trouvé intéressant de rassembler ici toutes les espèces du bestiaire du cinéma fantastique, permettant au lecteur de se promener dans ce zoo que personne (me semble-t-il) n'a encore réalisé.

Bonne lecture

Alain Pelosato

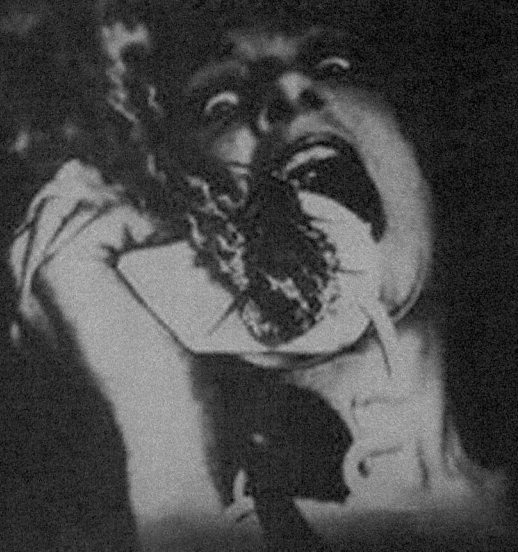

Thomas Page

LES INSECTES DE FEU

le roman qui a inspiré le film de J. Szwarc

GRAND PRIX DU 4ª FESTIVAL INTERNATIONAL DU
FILM FANTASTIQUE
ET DE SCIENCE-FICTION

Terreur, nature et SF

Certaines terreurs sont suscitées par la nature elle-même. Il en est ainsi des insectes. Nous sommes là encore dans le fantastique social le plus pur.

Les insectes, par leur morphologie et leur mode de vie, ont toujours évoqué dans l'esprit humain une horreur liée au fait d'être considéré par eux, soit comme un hôte pour un parasite, soit comme une nourriture, et, particulièrement, le fait que notre corps mort finisse par être dévoré par eux ajoute à la construction de cette terreur qu'ils suscitent dans notre esprit.

Mais tous les insectes n'ont pas cette réputation. Le cricket de Pinocchio représente la morale, l'influence de la religion et de la société. La coccinelle, pourtant carnivore (mais elle mange des pucerons...) est appelée bête à bon Dieu... Quant aux autres, ils sont tous terrifiants avec leurs yeux à facettes, leurs multiples pattes (six pour les insectes, mais plus pour d'autres, par exemple huit pour les araignées qui ne sont pas des insectes, mais tant pis, j'appellerai insecte toute petite bête monstrueuse avec plein de pattes).

Ainsi, le cinéma fantastique a tenté d'utiliser cette horreur. Mais il n'a pu le faire que relativement tard, car l'utilisation de ces "sales" bestioles demandait des trucages cinématographiques élaborés. Aujourd'hui, la tendance inverse se manifeste. On produit des films gentils sur les insectes, avec *Fourmiz* et *1001 Pattes*, films d'animation d'images de synthèse dans lesquelles, (influence de Walt Dysney oblige) les insectes sont humanisés : ils n'ont que quatre membres, une bouche avec des dents et non pas des mandibules ou des trompes, et des mains... Voilà : pour devenir acceptables, les insectes sont donc en quelque sorte désinsectisés... Un film comme *Microcosmos* a pris le parti contraire, et a parfaitement réussi dans la réhabilitation de ces magnifiques petites bestioles fascinantes... suivi par d'autres documentaires.

Il y a eu – dans la littérature fantastique de science-fiction – l'idée que certains extraterrestres pouvaient être des insectes, avec une intelligence humaine, mais aussi la "cruauté" propre à ces petites bêtes. Voilà qui est terrifiant... Ainsi, le dernier film de Paul Verhœven *Starship Troopers* (1998) reprend les insectes tueurs abominables de l'écrivain américain réactionnaire Robert Heinlein, contre lesquels les humains, vivant désormais dans une société nazifiée, vont faire une guerre sanglante et horrible... Le réalisateur d'origine hollandaise a retourné l'argument de l'écrivain et a fait un film contre la guerre.

Dans *Alien* (1979) de Ridley Scott, le monstre, plutôt inspiré de ceux de l'écrivain américain Lovecraft, possède un moyen de reproduction emprunté à certaines guêpes qui pondent leurs œufs dans le corps vivant de leurs victimes qui sont dévorées de l'intérieur par la larve... Ce thème avait déjà été largement exploité dans les romans de SF des années cinquante. Le film est d'ailleurs inspiré d'un autre de Mario Bava : *La Planète des vampires* (1965). Dans *L'invasion des profanateurs de sépulture*[1] (1956) de Don Siegel, les méchants extraterrestres ont un développement larvaire identique aux insectes, car ils deviennent adultes dans une chrysalide, appelée « cosse » ce qui tendrait à représenter plutôt un végétal, sales petits aliens qui prennent carrément la place des humains. Don Siegel s'était inspiré d'un roman de Jack Finney (1955), mais avait détourné le propos de l'écrivain pour faire une allégorie anticommuniste... On aperçoit aussi d'horribles araignées extraterrestres dans *Perdus dans l'espace* (1998) de Stephen Hopkins.

Ensuite, il y a les insectes mutants. La radioactivité d'abord, puis les mutations génétiques en ont fabriqué beaucoup au cinéma et à la télévision. Nous avons eu toute une série de films de ce genre depuis *Des Monstres attaquent la ville* (1953) de Gordon Douglas à *Mimic* (1997) de Guillermo Del Toro. Mais le plus passionnant de tous est *La Mouche noire* (1958) de Kurt Newman, inspiré du livre *La Mouche* de George Langelaan, et surtout de son magnifique remake de David Cronenberg,

---

[1] Il y a eu deux remakes à ce film : « L'invasion des profanateurs » (1978) de Philip Kaufman et « Body Snatchers » (1993) d'Abel Ferrara. « Body Snatchers » est le vrai titre du livre de Jack Finney, livre qui ressemble d'ailleurs étrangement à l'histoire de « Le père truqué » (1955) de Philip K. Dick...

La Mouche (1986), qui pose bien le problème de la création de nouvelles espèces. En effet, un savant a inventé la translation des corps au travers d'un câble grâce à un ordinateur puissant qui permet de déstructurer les molécules dans une cabine, de les transférer dans une autre cabine et de les y restructurer pour reconstituer le corps. Le problème, c'est qu'une mouche s'est trouvée là, et que l'ordinateur a restructuré un nouveau corps avec une combinaison génétique... Quelle horreur ! Ça c'est de la science-fiction...

Enfin, il y a les histoires où les insectes tels qu'ils sont sèment la terreur. Dans ce domaine les scénaristes utilisent surtout les abeilles africaines qui sont, paraît-il, terribles.

Ce petit tour d'horizon sur les insectes montre, par un autre exemple, comment les histoires d'horreur savent s'inspirer de la nature. Mais, bien souvent, elles s'appuient sur une terreur dont on parle souvent, enfouie dans l'inconscient collectif (ou plutôt culturel, mythologique ?) de l'humanité, la terreur de la faute de Prométhée qui a voulu montrer aux humains comment être un dieu. Cette faute est toujours punie comme dans le *Frankenstein* de Mary Shelley.

Si le progrès modifie la nature, celle-ci ne finit-elle pas toujours par se venger ? Cela n'est-il pas d'actualité de nos jours ?

Ainsi, le problème des Organismes Génétiquement Modifiés (OGM) se pose à notre époque de manière cruciale. Mais ce problème n'est pas nouveau. Il a été largement traité par la science-fiction au cinéma et à la télévision.

C'est la découverte de l'énergie atomique qui a produit le plus cette terreur des mutations génétiques, car les rayonnements des réactions nucléaires en produisent réellement. Ce sont ces monstres mutants qui d'abord terrifièrent les spectateurs et téléspectateurs autour de séries télévisées comme *Au-delà du réel* ou même, *La Quatrième dimension*. Le plus célèbre de ces monstres "nucléaires" est bien *Godzilla* (1954) qui a fait l'objet de nombreuses suites dans lesquelles il détruit Tokyo à chaque fois et finit pas affronter d'autres monstres. Le premier *Godzilla* a été réalisé par Inoshiro Honda. Il raconte l'apparition de ce monstre après les explosions nucléaires américaines sur le Japon en 1945. Les Américains ont d'ailleurs distribué le film aux États-Unis, mais comme il ne comportait que des personnages nippons, ils ont rajouté des scènes avec un journaliste américain (!) C'est à cela que fait allusion Emmerich dans son excellent remake de 1997 avec le journaliste français joué par Jean Reno.

Honda a également réalisé un film terrifiant sur une mutation due aux rayons atomiques avec *L'Homme H* (1958)...

Des mutants on en a vu beaucoup d'autres au cinéma. Par exemple, les morts-vivants du chef-d'œuvre de Romero *La Nuit des morts-vivants* (1968), car une explication est donnée dans le film par la télévision regardée par les personnages assiégés dans la maison : un satellite est retombé sur Terre et a répandu un produit chimique qui réveille les morts ! D'ailleurs, Romero franchit carrément le pas avec son dernier film de la trilogie des morts-vivants : *Le Jour des morts-vivants* (1986) dans lequel un savant fou essaie de redonner une conscience sociale aux morts-vivants...

Mais l'histoire d'OGM par excellence est bien *L'île du docteur Moreau* écrit par H.G. Wells en 1896. Wells avait déjà évoqué les mutations humaines dans un futur lointain dans son roman *La Machine à explorer le temps*. Il est intéressant de noter l'évolution du traitement de *L'île du docteur Moreau* par le cinéma. Évidemment Wells ne connaissait pas la génétique, car elle n'existait pas à son époque. Son histoire raconte comment un docteur fait évoluer les animaux vers une humanité physique. Mais il échoue, car il manquait la base sociale à ses individus créés par mutation. Le cinéma en est resté là jusqu'à *L'île du docteur Moreau* (1997) de Frankenheimer, dans lequel le docteur Moreau utilise la manipulation génétique pour arriver au même résultat. D'ailleurs, le docteur joué par Marlon Brando remarque à un moment que le diable, il le voit dans son microscope !

Il semble que le cinéma de science-fiction ne s'est vraiment attaché qu'aux *HGM*, c'est-à-dire aux Hommes Génétiquement Modifiés... et à quelques autres monstres.

Ainsi, dans *Tarantula* (1955) de Jack Arnold, une araignée est génétiquement modifiée et devient géante, et dans *L'homme qui rétrécit*

(1957) du même, un pauvre diable croise un drôle de nuage en mer et rétrécit jusqu'à devenir microscopique...

Personne n'a jamais envisagé ce qui arrive aujourd'hui : rendre les plantes encore plus faciles à cultiver grâce aux manipulations génétiques. Mais tous ces films, toutes ces histoires ont joué un rôle important dans l'inconscient collectif pour développer la terreur du progrès scientifique. C'est aussi une conséquence, n'en déplaise aux ardents défenseurs du « science » dans science-fiction, des histoires de science-fiction...

Dans les temps primitifs, la nature se présentait comme très mystérieuse à l'homme et parfois terrifiante, car l'être humain peut être une proie pour le prédateur, mais aussi par des phénomènes d'autant plus effrayants qu'inexpliqués, comme le tonnerre, la foudre, l'éruption volcanique, le tremblement de terre, le soleil et la lune, astres qui semblaient doués d'une vie autonome.

Tous ces mystères ont nourri des mythologies qui faisaient de ces phénomènes le résultat de l'activité des dieux. Ces mythologies, traitées par l'immense chaudron de l'imagination humaine ont produit des œuvres littéraires immortelles.

À la base, il y a celles qui remettent en cause la prétention – considérée au Moyen Âge par les ecclésiastiques comme inqualifiable – de maîtriser la nature, et ainsi, de remplacer Dieu. On voit là apparaître la volonté de l'Église de maîtriser les idéologies en rationalisant les croyances et légendes des paysans incultes. Ce phénomène a mené les prêtres assez loin, jusqu'à des enquêtes sur des phénomènes surnaturels comme le fameux *Traité sur les apparitions des esprits et sur les vampires* (1751) du R. P. Dom Augustin Calmet et *De masticatione mortuorum in tumulis* (1728) de Michaël Ranft, enquêtes commandées par les autorités pour faire la lumière sur des phénomènes qui terrifiaient certaines contrées, même si, aujourd'hui, on peut en sourire.

La première légende à remettre en cause la maîtrise de l'homme sur la nature fut celle de Faust. Ce n'est pas Gœthe qui a inventé cette histoire. Elle était déjà présente dans une lettre datée de 1507, où l'on trouve mention des tribulations d'un certain *Faust*. Ensuite, en 1587, il y aura un livre qui raconte l'histoire de ce pacte avec le diable dont s'est inspiré le poète allemand. Le diable prendra ensuite différentes formes, avec lui certains font des pactes pour mieux s'échapper des contingences naturelles, donc dépasser la nature. Avant le diable, ange déchu, ce fut Prométhée qui, pour se venger de Zeus, donna aux hommes la connaissance du feu. Plus près de nous, c'est la science elle-même qui donne à Victor Frankenstein l'audace de créer un être vivant avec de la chair morte. D'ailleurs, la jeune Mary Shelley rédigea son roman à partir des expériences scientifiques de réanimation menées en 1802 – 1803 à Londres par Giovanni Aldini. D'autre part, l'utilisation par Frankenstein de l'énergie de la foudre, a certainement été inspirée par la réelle passion du mari de l'écrivain, et ses expériences pour mener à bien *son* idée de recueillir l'électricité de la foudre. « *Le monde était pour moi un secret que j'avais à découvrir* », déclare Victor Frankenstein dans le roman de Mary Shelley. Cette volonté, ne la trouvons-nous pas déjà chez les alchimistes, comme Paracelse qui donnait la recette de la « *génération des homonculus [...] possibilité que, par nature ou par art, un homme pût être reproduit en dehors d'un corps de femme et d'une mère naturelle.* » ? Cette phrase n'est-elle pas d'étrange actualité ? Comme celle du Golem, sur le front duquel est inscrit « EMET », constitué de trois lettres qui forment le mot de « Vérité », et, qui, si l'on enlève la première, devient « Mort »... Car, quelle impudence aurait l'homme de rechercher la Vérité ?[**]

Ces terreurs nous ont accompagnés aujourd'hui. Elles constituent toujours un enjeu idéologique et politique fondamental, notamment en ce qui concerne l'écologie. Aux États-Unis, dans les années soixante, puis chez nous, on comparait le destin de Faust à celui du physicien Robert Oppenheimer (1904 – 1967), l'organisateur du *laboratoire-caserne de Los Alamos,* le créateur de la bombe atomique. Cette terreur, que l'on retrouve dans nombre d'œuvres fantastiques littéraires ou

---

[**] Pour ce paragraphe, j'ai utilisé des citations de l'excellent essai du philosophe Dominique Lecourt : « Prométhée, Faust, Frankenstein, Fondements imaginaires de l'éthique ». 1997

cinématographiques, motive certainement ce que l'on appelle la "diabolisation" du nucléaire civil. Car, qui n'est pas mieux le *Prométhée moderne* – sous-titre du roman de Mary Shelley – que celui qui produit de l'énergie (le feu offert par Prométhée à l'espèce humaine) à partir de la structure profonde de la matière ?

Il y a aussi celle du vivant... C'est pourquoi, à partir des années soixante-dix, à la terreur de la physique atomique s'est ajoutée celle des manipulations génétiques.

Arès avoir épuisé ces mythes, en en faisant des versions diverses, par exemple, en présentant le docteur Frankenstein sous des aspects moraux différents, le cinéma revient à une nature plus directement terrifiante.

L'apparition de monstres produits par les radiations atomiques ne fait plus que sourire. Ce qui semble être vraiment terrifiant, c'est la forme réelle que peut prendre la nature, lorsqu'elle produit des monstres. Le plus simple est d'en faire des extra-terrestres comme *Alien* (1979 – déjà !) de Ridley Scott, dont la reproduction, aux dépens de la vie humaine, est copiée sur la reproduction de certains insectes et dont la férocité n'a d'égal que celle de ces derniers. On a aussi rendu les végétaux terrifiants, lorsqu'ils viennent d'ailleurs comme avec *La Chose d'un autre monde* (1951) de Christian Nyby, film qui met en scène une créature végétale animée de mauvaises intentions dans un lieu clos (une station polaire) et qui préfigure déjà l'anticommunisme de guerre froide de certains films fantastiques des années cinquante, comme *L'invasion des profanateurs de sépulture* (1956). Bien qu'*Alien* ait toujours du succès avec *Alien 4* réalisé par notre Jean-Pierre Jeunet national, *Alien contre Predator* (Anderson) et les projets d'*Alien 5, 6...*, la mode revient aux prédateurs naturels. Le cinéma nous avait déjà habitués à cela, avec, notamment, *Les Oiseaux* (1963) d'Hitchcock que j'avais d'ailleurs soupçonné à l'époque d'avoir fait un film de guerre froide en récidivant après *L'étau* (1969). Aujourd'hui, le cinéma produit cette nouvelle terreur, avec *Anaconda, le prédateur* (1997) de Luis Llosa, qui met en scène le fameux et énorme serpent, la terreur étant ici possible grâce aux merveilleux effets spéciaux qui nous montrent avec délectation la méthode de chasse du prédateur et sa manière d'étouffer et gober ses victimes. C'est donc la nature elle-même qui devient terrifiante, comme avec le film *L'ombre et la proie* (1996) de Stephen Hopkins, dont les héros sont deux lions de légende en Afrique, appelés Fantôme et Ténèbre. Tout un programme. Le cinéma est riche, surtout dans la dernière période, grâce aux effets spéciaux, de films sur la terreur engendrée par la férocité d'animaux petits ou grands : un requin avec *Les Dents de la mer* (1975) de Steven Spielberg et ses nombreuses séquelles (trois...), les *Piranhas* (1978) de Joe Dante, un sanglier chasseur de chasseurs avec *Razorback* (1984) de Russel Mulcahy, et de nombreux films sur la terreur engendrée par les insectes. *Un Cri dans l'océan* (1997) de Stephen Sommers s'inscrit dans la même veine.

Doit-on déceler une nouvelle crainte en l'avenir dans cette catégorie de films ? Je ne crois pas. Du moins, pas fondamentalement différente de celle du passé, cette crainte profonde que l'espèce humaine ne soit plus dominante, développée surtout par les invasions d'extra-terrestres et plus affichée en montrant l'existence sur notre planète de terribles prédateurs grâce à l'efficacité des effets spéciaux. En conclusion, on peut dire que la terreur profonde des humains, composée de deux éléments apparemment contradictoires, le premier étant la crainte de remplacer Dieu par sa connaissance des lois de la nature, et l'autre, la crainte de ne plus être l'espèce dominante, existe toujours de nos jours. Elle n'est pas seulement réservée à des œuvres de fiction, qui seules, savent l'exprimer ouvertement, elle devient un véritable enjeu de société, soubassement des débats idéologiques sur l'avenir de l'espèce humaine sur notre planète...

Chez Tolkien

La faune chez Tolkien. Les vertébrés d'abord : loups appelés Wargs, alliés des terribles gobelins, des aigles qui sauvent nos héros (ils sont bien obligés de leur donner de la viande à manger, ce qui ne semble pas trop déranger les principes des Hobbits), des lapins et des lièvres, des ours, des cerfs, des écureuils (immangeables !), des poissons, des chauves-souris, une biche et des faons, une grive (qui servira de messager), des étourneaux et des pinsons, des « charognards », des corbeaux et des corneilles, des blaireaux, une loutre, des cygnes et... un dragon qui est lui-même une catastrophe écologique ! Les invertébrés ensuite : les abeilles et leurs faux-bourdons, les mouches et les araignées, des papillons dont le « mars-pourpre » « qui recherche les cimes des forêts », des escargots.

Une liste à la Prévert qui montre le soin que prend Tolkien à bien montrer l'intérêt écologique qu'il porte à sa société, le même souci qui le conduit à produire de magnifiques cartes géographiques du pays, support des sociétés qu'il a inventées.

Tolkien évoque également quelques niveaux trophiques. Les Hobbits sont plus ou moins végétariens, les voyageurs mangent le lembas, pain de voyage des Elfes qui nourrissait et donnait grande endurance, les Trolls mangent les hommes, Gollum mange des poissons et des gobelins, les loups mangent tout, les aigles mangent des lapins et des lièvres, les papillons et les abeilles butinent les fleurs, les araignées mangent les mouches (sauf les géantes qui mangent les Hobbits), les écureuils sont immangeables aux Hommes, Elfes, Nains et Hobbits, la grive mange des escargots.

Cénobites

Ce sont les créatures venues de l'enfer créées par Clive Barker dans sa série *Hellraiser*. Cette terrifiante saga nous emmène du 17e siècle au futur d'une station spatiale, dans des enquêtes de détectives privés dépressifs, dans des maisons hantées et toujours l'horreur nous attend, car les protagonistes paient cher, dans chaque film, leurs ignobles péchés...
Ces films, contrairement aux apparences, sont très puritains : les Cénobites tels les grands inquisiteurs infligent d'atroces souffrances aux pécheurs...

Films sur les cénobites

Hellraiser de Clive Barker (1987), très puritain, Clive Barker impose d'atroces punitions aux pécheurs. Seuls les vrais puritains savent être aussi pervers. Boucherie sado-maso et scénario copié sur Stoker et Masterton.
Il faut du sang pour reconstituer le corps de Frank, jadis dépecé par les Cénobites (quel drôle de nom, pourquoi pas...)
Julia attirera beaucoup de victimes dans le grenier.
Il faudra la peau du frère de Frank pour redonner à ce dernier apparence humaine.
Mais sa nièce Kirsty veille...

Elle le reconnaîtra sous la peau de son père, et grâce à la boîte-puzzle, elle renverra les Cénobites en enfer.

Entre temps, ces derniers auront infligé une nouvelle torture immonde à Frank-Larry qui déclare, la peau tendue, prête à l'écorchement : « *Jésus a pleuré, lui...* » et il se lèche les lèvres de plaisir.

Malgré tout, cette histoire de cube maudit qui, si vous en trouvez la bonne combinaison vous mène droit en enfer, a inspiré ensuite de nombreuses variations qui sont toutes intéressantes.

Hellraiser II : Hellbound de Tony Randel (1988)

Ce deuxième opus est la suite du premier.

Une vieille radio de la dernière guerre. Des uniformes de l'armée anglaise.

Un militaire assis en tailleur sur le sol tient entre ses mains... le cube terrifiant, celui qui ouvre la porte des enfers si on trouve la solution au puzzle. Il la trouve, le cube s'ouvre et des chaînes munies de crochets en sortent et torturent cruellement le soldat. Pinhead apparaît ! En voix off « La souffrance, cette délicieuse souffrance... » (Nous apprendrons dans le film suivant que ce soldat n'est autre que Pinhead quand il était humain...)

Kirsty, une jolie petite brune se réveille dans un hôpital psychiatrique. C'est un peu comme dans *Par-delà le mur du sommeil* de Lovecraft. Cette jeune femme est la nièce/fille de son oncle/père Frank (voir le premier épisode...)

La police découvre des cadavres momifiés dans une très vieille maison. Et un matelas avec une grande tache de sang où sont accrochées des chaînes avec des crochets...

Le docteur Channard, directeur de l'hôpital psychiatrique, retient en détention illégale des malades dans des cellules dans la cave de sa très grande maison. Il s'y fait livrer le matelas. Visiblement il sait de quoi il retourne...

Kyle, l'associé de Channard, chirurgien du cerveau, sympathise avec Kirsty. Dans la chambre d'à côté, Tiffany, une très jeune fille, assemble des éléments en bois qui forment un cube.

Kirsty fait des cauchemars : elle voit un homme écorché qui lui fait signe en montrant une inscription faite avec du sang sur le mur : « Je suis en enfer : aidez-moi ! »

Kirsty raconte à Channard ce qui s'est passé dans le film précédent : la boîte, un casse-tête que Frank a résolu. Le film nous montre des extraits du film.

Dans sa vaste maison-laboratoire, où se trouvent plusieurs cubes cénobites, Channard fait sortir un malade de sa cellule, le couche sur le matelas et lui donne un rasoir avec lequel il se taillade le corps, car il croit qu'il est recouvert d'asticots. Le sang coule et fait revivre la Julia du premier film. Elle « absorbe » les chairs du malade, se reconstitue, mais pas suffisamment, elle reste écorchée, et, dit-elle à Channard lors d'un « dégoûtant » baiser avec lui : « Il nous faut de la peau en quantité ! »

Les fous de l'asile fournissent de la matière première. Kirsty continue à chercher son père, qui avait fourni sa peau à son frère Frank dans le film précédent.

Le début est excellent… Ensuite, cela tire en longueur et certaines scènes frisent la médiocrité… En résumé, Julia va retrouver sa peau, Kirsty va retrouver son oncle, tout va finir très mal dans l'horreur avec l'arrivée des cénobites et de Pinhead à qui il va arriver aussi des horreurs… Cela n'en fait pas trop peut-être ? Finalement c'est Tiffany qui va sauver tout ça. Elle va montrer aux cénobites qu'ils furent humains autrefois. Mais la scène ultime annonce une suite !

Hellraiser III : L'enfer sur Terre d'Anthony Hickoks (1992)

Nous passons aux USA. Néanmoins, Clive Barker est toujours aux commandes, et l'histoire originale est de Peter Atkins, comme pour le précédent avec Tony Randel, qui était le réalisateur du précédent. Donc, contrairement à certaines affirmations surfaites, la continuité est assurée.

Un jeune homme, patron de cabaret, entre dans une salle d'exposition d'œuvres d'art et achète une sculpture terrifiante qui semble sortir tout droit de l'enfer cénobite. On appellera ce jeune homme par son prénom : JP.

Une journaliste, Joey, rate son reportage aux urgences où il ne se passe curieusement rien. Des plans resserrés montrent des bras qui déposent des instruments de chirurgie sur des serviettes immaculées. Soudain arrive une ambulance avec un type très gravement blessé qui traîne derrière lui des chaînes accrochées à son corps. Il saigne beaucoup. Joey est intrigué par cette arrivée et va mener l'enquête. Le blessé est accompagné d'une jeune fille brune appelée Perri.

Au cabaret, dans la chambre du patron, trône la sculpture. La jeune fille brune vient du cabaret. Elle sort de son sac un cube de cénobite. Elle se réfugie chez Joey et lui parle de la sculpture. Elles vont ensemble voir la galerie d'art où elle a été achetée et elle est fermée. Un passant leur dit que c'est fermé depuis très longtemps. Étrange.

Dans la chambre de JP qui vient de se faire sa blonde quotidienne, la sculpture se réveille, écorche vive la belle blonde en lui lançant des chaînes avec crochets et l'engloutit. Le visage de la fille s'ajoute aux autres visages qui composent la sculpture. JP devient l'esclave de la sculpture vivante. Le visage de Pinhead plein d'aiguilles est apparu sur la sculpture et il parle.

Joey fait un rêve récurrent sur la guerre au Vietnam où est mort son père.

Elle téléphone pour recevoir une vidéo de l'institut Channard (voir film précédent, c'est un asile psychiatrique). Elle visione la vidéo qui montre Kirsty (voir film précédent). Elle parle de la « boîte » (le cube des cénobites). Elle dit : « Elle fait mal ! Elle s'ouvre d'elle-même. Vos doigts bougent et vous apprenez. Alors ils sortent... les démons. »

Terri, trompée par les apparences, accepte de se rendre chez JP qui veut l'offrir à « manger » à la sculpture. Elle réussit à se défaire de son ex-amant et l'offre en pâture à la sculpture qui l'avale et il en sort Pinhead.

Joey trouve chez elle une vielle radio de la guerre qu'on avait déjà entendue en prologue. La radio lui dit d'aller à la fenêtre. Elle voit un soldat jouer avec un cube, elle passe de l'autre côté. Elle passe une porte et se trouve dans une tranchée de la Première Guerre mondiale où elle retrouve un officier qui n'est autre que Pinhead quand il était humain...

 Il est désormais son fantôme, puisque Pinhead l'a remplacé. Il veut renvoyer Pinhead en enfer.

Massacre généralisé, abominable tuerie au cabaret. Pinhead crée de nouveaux cénobites à partir de ses victimes.

De nombreuses péripéties nous font espérer, puis désespérer... Ça se répète longuement.

Finalement Joey réussit à ouvrir la boîte qui aspire tous les cénobites. Mais... elle se retrouve à la guerre du Vietnam où elle rencontre son père. Elle ne voit pas qu'elle est grugée puisqu'il l'appelle par son nom alors qu'il ne l'avait pas connue avant sa mort (facile, non ?). En fait c'est Pinhead qui a pris l'apparence du père.

Il y a beaucoup trop de rebondissements dans cette fin sans fin...

Joye s'en sort, enferme les cénobites dans la boîte et elle va l'enfouir dans du béton pas encore durci. Et à la fin on voit l'immeuble construit décoré à la manière des cénobites...

Hellraiser IV : Bloodline d'Alan Smithee (1996)

Le film commence toujours par « Clive Barker présente »... On le retrouve aussi comme producteur exécutif. Le film est aussi écrit par Peter Atkins.

Quant à Alan Smithee, c'est le pseudo que prend le réalisateur quand il n'est pas content de son film...

Il paraît que cette coutume a commencé en 1955 avec un film pour la télévision, et le premier film de cinéma signé Alan Smithee est *Une poignée de plombs* (*Death of a Gunfighter*) réalisé en 1967 par Don Siegel et Robert Totten. Il paraît qu'Alan Smithee est l'anagramme de *The Alias Men* (« les hommes au nom d'emprunt »). Voilà pour le contexte de la création. Notre Alan Smithee pour ce film est Kevin Yagher. Venons-en au film lui-même. Il traite de la création des cubes qui donnent accès à l'enfer.

Il commence dans une station spatiale désertée. Un seul homme y est encore présent : le dernier descendant de la lignée française des Lemarchand... Un vaisseau spatial s'approche, des soldats débarquent. L'homme enfile des gants qui actionnent un robot à distance. Il fait des gestes avec ses doigts que le robot imite en manipulant un cube de cénobites et réussit à l'ouvrir. Visiblement l'homme veut faire venir Pinhead dans la station... Deux soldats entrent, le menacent avec leur arme et la fille déclare : « Vous êtes relevé de vos fonctions… »

Il raconte la création du premier cube des enfers. « J'ai l'intention d'emprisonner l'enfer ! » dit-il aux soldats.

Au 18ᵉ siècle un magicien doué a demandé à un horloger nommé Lemarchand de créer un cube infernal, ce qu'il réussit à faire.

Il donne le cube au magicien qui fait venir Pinhead et les cénobites, qui transforment Angélique, une jolie jeune fille, en accessoire de Pinhead. Ce qui nous vaut les deuxièmes scènes gore du film… « Celui qui convoque la magie commande la magie ! » Affirme Pinhead.

Ce pauvre Lemarchand prend conscience qu'il a ouvert les portes de l'enfer. Il revient chez le magicien, le retrouve mort alors que son assistant fornique avec Angélique. Ce dernier dira à Lemarchand : « Tu arrives trop tard, tout est joué, les démons vont venir sur Terre. » Et lui dit que toute sa lignée sera maudite.

« Pardonne-moi, je t'en supplie, je ne savais pas ce que je faisais. » Se lamente Lemarchand. Ce qui résonne comme une déclaration biblique.

Nous voici à Paris en 1996. Angélique veut aller aux USA contacter un descendant des Lemarchand, mais son assistant ne veut pas. Elle le tue dans d'horribles souffrances. Elle va aux USA retrouver John Merchant, ce descendant. Selon ce dernier, Leonard de Vinci aurait dit : « Une œuvre d'art n'est jamais terminée, elle est juste abandonnée... »

Angélique déclenche tout le processus avec un cube qu'elle a extrait d'un mur de la cave de l'immeuble (voir l'épisode précédent, quand l'héroïne a enfoui le cube dans du béton encore liquide).

L'occasion de scènes gore et atroces. « La boîte (c'est comme ça qu'elle appelle le cube) est reliée au sang de John. » Ce dernier fait des rêves érotiques avec Angélique. Pinhead transforme deux policiers en cénobite en les reliant entre eux par leur chair...

Pinhead veut que John réalise l'ultime cube celui qui ouvrira la porte de l'enfer de manière continue. Donc il y a bataille, chantage de Pinhead qui prend en otage le petit garçon de John, etc. « John doit finir son travail, donner la version définitive de la boîte. » Plein de péripéties sanglantes. Au final, Pinhead décapite John et la boîte manipulée par son épouse aspire Pinhead et Angélique. La lignée sera continuée puisque le fils de John a survécu !

Retour à la station spatiale.

Après quelques scènes de massacres de pauvres soldats, puisque le descendant de Merchant a fait revenir Pinhead, la station spatiale sera détruite avec Pinhead et ses deux nouveaux cénobites dedans...

C'est la fin de la série ? Non ! Il va y avoir encore cinq films !

Hellraiser V : Inferno de Scott Derrickson (2000)

Ce film est le dernier sorti en salle et sorti en DVD quelques semaines après.

Ce n'est plus Clive Barker qui présente, mais Dimension Films. C'est toujours Doug Bradley qui joue Pinhead « tête d'épingles ». Les frères Weinstein sont producteurs.

Ce film est traité sur le mode polar : l'enquête d'un officier de police américain qui va le conduire en enfer. Jusqu'à maintenant, je trouve que c'est le film le plus angoissant de la série, car, s'il apparaît comme s'éloignant du thème originel et orignal de Clive Barker, il le traite en fait très bien, puisqu'il s'agit de la culpabilité du pécheur...

Joseph, officier de police, est appelé parce qu'un massacre a eu lieu, genre « abattoir », comme le dit son coéquipier Tony. Sur place : bougies allumes et restes humains d'un ancien camarade de lycée de Joseph. Ce dernier extrait un livre de la bibliothèque, il y découvre une petite fiole de sang. Il y a le cube (la « boîte ») que Joseph emporte. Il porte deux empreintes de doigts. Dans une scène sentimentale de Joseph et de sa petite fille qui dort, le réalisateur nous offre des plans lovecraftiens...

Il va voir une prostituée, ils se droguent à la coca et, ensuite, il tripote le cube qui se met en marche devant ses yeux exorbités. La porte de l'enfer est ouverte et plus rien ne va plus aller pour Joseph. Ses attitudes, postures, actions, vont constamment l'amener à pécher, à mal se comporter. Ses actions vont aboutir à la mort de son indic, de son coéquipier, de sa famille entière, sa mère, son père sa femme et leur fille... Bien sûr tout cela se dévoile progressivement avec parfois, quelques fausses pistes.

Le psychologue de la police va s'avérer être ce fameux « ingénieur » qui le pourchasse et qui est en réalité Pinhead lui-même, qui dans ce film, joue son vrai rôle, celui qui punit le pécheur. Le pécheur qu'est Joseph. Il va faire des voyages dans le passé, revenir, repartir, tuer pour se défendre, croit-il, car tous ces proches qui sont morts cruellement à cause de lui tentent de le tuer...

Les cénobites pullulent. Il se voit enfant avec les doigts coupés, tous ces doigts d'enfant qu'on retrouvait sur les lieux des crimes atroces étaient les siens. Un cénobite s'arrache le masque et c'est Joseph en dessous. Après avoir tué tout le monde, il se retrouve à chaque fois dans les toilettes de la prostituée. Là où il a déclenché la « boîte »...

« Ta chair a assassiné ton esprit. » Lui dit Pinhead : « Sois le bienvenu en enfer ! »

Il va devoir vivre avec ses démons à jamais.

Hellraiser VI : Hellseeker de Rick Bota (2001)

Une variation de la nouvelle de Lovecraft *Je suis d'ailleurs*, mais aussi du film *Carnival of Soul* de Harold Herk Harvey (1962) et **Venus in Furs** de Jess Franco (1963)

Le retour de Kirsty, un des personnages récurrents de la série.

Un couple dans une voiture, la chaussée est mouillée, ils s'embrassent et ont un accident. La voiture tombe dans une rivière, la femme se noie.

Puis le film évolue, ou plutôt stagne dans les rêves et cauchemars de Trevor. Tous les gens qui l'entourent sont bizarres, le personnel médical dans lequel il se réveille, les passants, la voisine et les voisins de son appartement, la psy qui fait de l'acupuncture, son collègue de travail, sa patronne, les policiers. Tous étranges et inquiétants... Parfois il se voit faire l'amour, parfois il se voit devant des cadavres ensanglantés. Pinhead apparaît peu, la première fois au milieu du film.

Il y a des scènes à la morgue (surtout à la fin) et toujours des décors glauques, des flaques d'eau, des murs sales et des gens malfamés.

Trevor se passe le VHS de son anniversaire de mariage. La caméra continue à présenter un film alors que le VHS a été enlevé. À la télévision, il se voit faisant l'amour avec sa patronne.

Tout son entourage meurt, y compris son collègue qui lui dit qu'il a trahi le marché qu'ils avaient fait : tuer la femme de Trevor, Kristy, et lui voler son argent. Il apprend par la police que sa femme était riche alors qu'il vit dans un sordide HLM... Pinhead lui dit : « Toujours dans l'obscurité totale ? (...) Bientôt vous saurez tout, beaucoup plus que ce que vous auriez souhaité. »

Petit à petit, le spectateur se met à imaginer que la vie de Trevor qui nous est présentée n'est pas sa vraie vie. Le passé de Trevor lui donne mal à la tête.

Trevor va voir la psy qui lui fait de l'acupuncture et la trouve morte un pic à glaces planté dans la tête. Quelqu'un essaie d'entrer, car la clenche bouge... Trevor a peur il arrache le pic à glace et s'apprête à affronter les intrus, cette arme à la main et c'est la police qui entre. Il est arrêté et accusé. C'est le début de la fin et la fin ne sera qu'un autre commencement...

D'ailleurs Pinhead le dira : « Bienvenue dans le pire des cauchemars : la réalité. »

À la fin Trevor, après avoir été presque écorché par les chaînes de Pinhead, revient à son état normal, soulève le drap qui recouvre un corps à la morgue et découvre que c'est lui qui est mort !

Puis, c'est la scène de l'enquête de police auprès de la voiture de Trevor qui a été sortie de l'eau. Il y a le cadavre de Trevor. Et aussi Kirsty, c'est elle qui avait manœuvré tout ce faux semblant grâce à la boîte de cénobites qu'on avait vue dès le début et revue plusieurs fois au cours du film... Là, le policier l'a retrouvée dans la voiture et l'offre en douce à Kirsty qui l'accepte...

Hellraiser VII : Deader de Rick Bota (2003)
Le générique présente des scènes de l'objet du reportage de la journaliste Amy Klein : les drogués au crack.

Ensuite elle est chargée de mener une enquête à Bucarest sur les « deaders ».

Suite à la réception d'une cassette qui montre l'exécution d'une fille d'une balle dans la tête et sa résurrection après un baiser reçu par un type en imperméable blanc qui s'appelle, je crois, Winter (on le saura plus tard). La cassette a été postée à Bucarest. Son patron y envoie Amy.

Là-bas son enquête la mène dans un immeuble genre celui du film *Inferno* de Dario Argento. Elle s'introduit dans l'appartement de la personne qui a envoyé la cassette, y trouve une jeune femme morte qui s'est visiblement suicidée en se pendant. Elle y trouve aussi des photos de gens qu'elle a vus sur la cassette et une enveloppe contenant une autre cassette. On va de cassette en cassette et en boîte, puisqu'elle trouve aussi dans cet appartement, un cube de cénobites ! Cette deuxième cassette lui montre la femme qui s'est pendue faire part de sa terreur : « Il fera naître des démons et ensuite te demandera de le rejoindre. Et si tu le fais, jamais tu ne pourras revenir en arrière. Mais par-dessus tout, n'ouvre pas le cube. Il te le demandera, mais ne l'ouvre pas. Il n'y a que toi qui puisses arrêter tout ça. Je t'en supplie. » Puis elle lui donne un rendez-vous à la station de métro, dernier wagon. Ensuite, Amy n'écoute surtout pas les recommandations de la pauvre fille et tripote le cube. Il s'ouvre. Ce qui déclenche l'irruption des chaînes et crochets qui l'attrapent. Ça fait mal ! Mais ce n'était qu'un rêve. Pinhead apparaît et lui dit : « Surtout n'oublie pas que tu es toujours en danger. »

Ah ?

Elle va à la station de métro. Elle y voit une femme dans un imper en plastique, assise sur un banc au-dessus d'une mare de sang. Cette scène est importante pour ce qui va suivre.

Elle va à l'endroit que lui a indiqué un dénommé Joe dans le train qui lui conseille de ne pas y aller. C'est à cet endroit que Winter tue et fait renaître... Elle lui montre le cube, il se l'approprie en disant que « c'est un objet de famille en quelque sorte... »

Elle se réveille dans sa baignoire.

Un rêve récurrent est montré : un type viole une petite fille. On saura plus tard que c'est son père et elle.

Du sang coule sur elle, provenant d'elle. Elle a un grand couteau planté dans le dos... Elle réussit à l'enlever en coinçant le manche dans une porte de placard.

Pinhead apparaît, très bavard. Je cite son discours : « Non, tu ne rêves pas ! Un homme t'a recrutée pour être un soldat dans une guerre qui n'est pas la tienne. Une guerre qu'il ne gagnera jamais. Tu as ouvert le cube, maintenant ton âme m'appartient, tout comme la sienne. Les deaders ont trouvé un passage pour pénétrer dans mon monde, mon domaine. Mais pour atteindre leur but, ils ont besoin de toi. Si tu veux revenir en arrière, tu n'as qu'un seul moyen. Moi ! Je suis ton rédempteur, je suis le seul chemin. »

Elle se rhabille et sort. Elle saigne toujours. Elle doit devenir un deader de son plein gré.

Après d'autres péripéties sanglantes, elle voit la petite fille violée tuer son père avec le grand couteau. Amy meurt en même temps et se retrouve dans le lit de mort/renaissance où officie Winter. Il lui donne un couteau. Au lieu de se tuer, elle lance le cube au loin. Il s'ouvre, Pinhead apparaît avec ses cénobites et les chaînes à crochets sortent des murs et écartèlent Winter qu'ils écorchent et dépècent. Tous les participants sont éventrés. Il ne reste plus qu'Amy. Elle se tue avec le couteau et le cube aspire Pinhead et les cénobites...

Hellraiser VIII : Hellworld de Rick Bota (2003)

Lance Henriksen joue le rôle de Host.

Hellworld est un jeu vidéo basé sur Hellraiser. Les adolescents en sont fous. L'un d'eux, traumatisé par ce jeu infernal, creuse sa tombe dans un hangar, s'asperge d'essence et met le feu. Toutes ses copines et ses copains sont là à ses obsèques. Jack, qui leur reproche d'avoir pratiqué ce jeu qui est la cause de la mort de leur ami et Chelsea, la petite amie du défunt.

Quelqu'un organise une fête basée sur ce jeu, dans une grande maison isolée dans la forêt. Ils y vont tous. Host le meneur de jeu les fait visiter et leur fait un cours sur cette maison appelée Léviathan. Elle fut bâtie par Lemar-chand, on y voit son portrait. C'était autrefois un couvent et une nonne, Ursula, fut influencée par le cube. Les 80 nonnes disparurent sans laisser de traces.

Il ne restait que quelques morceaux d'Ursula. Puis la maison fut un asile psychiatrique pour dangereux psychopathes.

On aperçoit quelquefois Pinhead qui punit atrocement tous ces jeunes pécheurs. Et ses cénobites aussi...

Les morts sont terriblement atroces dans la plus pure tradition des Hellraiser. On voit Host creuser des tombes dans le parc. Il y a plusieurs moments de suspense ratés. Le téléphone sonne tout le temps.

Petits hommages aux films genre Scream, où des ados sont horriblement punis de s'adonner au plaisir de la chair.

En fait nous saurons à la fin que tout cela n'est qu'une illusion, seuls les amies et amis du défunt sont présents. Le meneur de jeu, Host, leur a fait boire un alcool drogué pour les hallucinations et utilise d'autres moyens pour ceux qui ne l'ont pas bu. Donc ce n'est pas du tout du Hellraiser. C'est un Hellraiser bidon. Il n'y a que deux survivants parmi les amies et amis du défunt Adam.

À la fin, on voit Host se soûler dans une chambre d'hôtel et il trouve dans ses affaires un cube cénobite. Il le tripote cet idiot et le déclenche. Pinhead apparaît et un cénobite découpe Host en trois morceaux. C'est une fausse fin, car il y a encore une autre fausse fin...

Hellraiser IX : revelations de Victor Garcia (2010)

Ça commence mal avec des prises de vues en vidéo amateur. On ne va pas au cinéma pour voir des mauvais films d'amateur...

Ah ! On est sauvé : en fait c'est un film amateur que regarde une fille sur une caméra qu'elle a trouvée dans les affaires de son frère.

Dans ce film, Nico, le fiancé de cette fille trouve le « cube » maudit qui ouvre la porte aux enfers des Cénobites.

Les deux garçons sont saouls, Nico, le fiancé est un salaud.

Ce jeune et son ami ont disparu. Pinhead, lui, espionne toute la famille. Dans le sac que fouille la jeune fille, il y a aussi le « cube ». Elle est fascinée par cet objet.

Elle trouve à faire fonctionner le mécanisme et libère ainsi son frère (Steven le copain de Nico) des Cénobites... Enfin, c'est ce que veut faire croire le scénariste au spectateur...

La jeune fille et ses parents, les parents de Nico qui dînaient ensemble, se retrouvent coupés du monde dans leur maison isolée.

Pinhead enfonce des clous dans la tête de Steven écorché...

Le sang ramène à la vie, comme dans le premier film... Nico a besoin de sang pour reconstituer son corps et, pour se terminer, de la peau d'un humain...

Le sadomasochisme homosexuel esthétique et baroque de Barker est ici un peu grand-guignol. Il y a aussi de l'inceste.

L'heure des révélations viendra et chacun devra payer cher ses péchés.

Malgré tout, on frissonne quand même.

Tous ces films « Hellraiser » laissent des traces. On est fasciné malgré la banalité de la réalisation et du jeu des acteurs. C'est l'effet Barker !

Chiens

Dehors, Kruvajan et Gorobec rencontrent une belle jeune fille avec des chiens. Katia, la fille du prince Vajda qui ressemble étonnamment à Asa... Les deux hommes emmènent une icône de la crypte. La caméra retourne dans le tombeau pour un gros plan sur les orbites vides de la morte qui grouillent de vers.
Sur *Le Masque du démon* de Mario Bava (1960)

Films avec des chiens

Les Crocs de Satan (Cry of the Banshee)
de Gordon Hessler (1970)
Attention ne pas confondre ce film avec *Brûle, sorcière brûle* de Sydney Nayers (1962)
Avec Vincent Price, ça fait le film !
Il y a d'abord un joli générique animé et amusant.
Une histoire de sorcières et de malédiction.
Alors que le seigneur de la contrée martyrise les sorcières, ou présumées telles, un grand chien enragé terrorise les villageois. La famille du seigneur a été maudite autrefois.
Mais le spectateur s'ennuie, c'est décousu, ça manque de transition et les effets sont faciles.
Quant au scénario, il est très léger.
Si le film traîne en longueur, la fin est intéressante. Donc, patientez !

Gordon Hessler a réalisé beaucoup de films de série B, notamment l'excellent *Lâchez les monstres* (1970) avec Vincent Price, Peter Cushing et Christopher Lee, pas moins !

Stalker d'Andreï Tarkovski (1979), la lenteur du cinéaste au service d'une quête d'un nouveau Graal. Tiré du roman des frères Strougatski, géniaux écrivains soviétiques de science-fiction, ce film prodigieux nous entraîne avec le Stalker dans la *zone*, interdite, car très dangereuse, étendue laissée stérile par des extraterrestres descendus là autrefois et repartis sans autre forme de procès. Le guide, le S*talker*, se fait payer cher pour emmener les "touristes" dans cet endroit fabuleux. Leur but : la chambre des désirs, qu'ils atteindront, mais qui ne pourra satisfaire aucun désir... Un chien passe alors que le Stalker dort sur un îlot au milieu d'une mare croupissante. Débris de véhicules militaires, ruines de maisons, nature luxuriante, temps gris ; le Stalker vérifie si le chemin est sans embûche en lançant devant lui de longues ficelles attachées à des boulons. En voyant ce film aujourd'hui, cette zone délabrée, abandonnée et dangereuse, ne préfigurait-elle pas la société soviétique décadente ? Le Stalker doit payer cher ses séjours répétés dans la zone. Son enfant est mutant : la dernière image du film, alors que le bruit du train qui passe est assourdissant, montre la petite fille faisant déplacer un verre avec le regard. Aller dans la zone débouche sur la création d'une autre humanité....

The Thing de John Carpenter (1982), remarquable remake plein d'action, d'horreur et de suspense de *La Chose d'un autre monde* (1951). L'idée du chien qui transporte la Chose dans son corps a été reprise dans *Alien 3* et *Hidden*. Carpenter, très influencé par Lovecraft, reprend le thème de l'horreur interne qui débouche sur la transformation physique. D'ailleurs le roman de Campbel dont est tiré ce film doit vraisemblablement son inspiration au petit roman de Lovecraft : *Les Montagnes hallucinées* dans lequel des archéologues découvrent sur le continent Antarctique les corps gelés d'Anciens qui reviennent à la vie après avoir été décongelés....

Cujo de Lewis Teague (1983), un brave chien possédé par un démon devient enragé. (D'après Stephen King)

Prémonitions de Neil Jordan (1998).Une ville engloutie par la construction d'un barrage. *« Il y a encore des contes de fées... »* C'est la conviction profonde de Neil Jordan. C'est ce qui est un peu ennuyeux dans ses films précédents : ils restent un peu trop... enfantins. D'ailleurs, l'héroïne de *Prémonitions* a illustré les contes de Grimm ! Ici, c'est un peu mieux. Mais il prend toujours son temps, et la niaiserie n'est pas absente, notamment avec la pièce jouée par les enfants (Blanche Neige...)

à l'école. Mais Neil Jordan est un très grand cinéaste, il filme avec grande classe. La scène de l'accident est superbe ainsi que celle de la plongée de la voiture avec l'émergence du corps de la fillette. L'héroïne fait des « *rêves hyperréalistes* » dans la journée. Le psychiatre est à côté de la vérité : il veut tout interpréter au lieu de simplement écouter. « *Ce qu'il y a de bien avec les rêves : tout est vrai et tout est faux.* » Il y a aussi des scènes d'horreur, comme celle où le chien dévore le visage de son maître mort. Les fous ne sont donc pas si fous que cela ; ils voient peut-être simplement ce que l'on ne voit pas, nous, les gens "normaux". Ceci dit, il y a un vrai fou (ne le seriez-vous pas devenu avec une mère comme la sienne ?) et une fausse folle. Le personnage le plus important, après l'héroïne, est le barrage. Dommage que le cinéaste n'ait pas plus exploité les superbes images de la ville engloutie

Bones de Ernest R. Dickerson (2002). Rien de bien nouveau dans cette maison hantée dans le ghetto noir, sauf qu'elle est hantée par un ancien proxénète qui devient très très méchant après avoir été assassiné. Le chien a du chien...

Fausto 5.0 d'Alex Olle et Isidore Ortiz et Carlos Padrissa (2002). Quel beau film sur la mort et comment la repousser le plus loin possible dans le temps ! Tous les critiques que j'ai lus privilégient le pacte avec le diable. Mais l'ange déchu n'est jamais nommé et même jamais indiqué. Le personnage qui devrait le représenter est bien plus ambigu. Bien que la musique *Métal* renvoie à son image de violence. La mort est présente du début à la fin. Les premières images des équipes qui nettoient le train sont fantasmagoriques et le premier plan montre une libellule écrasée sur un des phares de la locomotive. Puis, à l'arrivée du train, un ouvrier arrache la moitié du corps d'un chien du bouclier protecteur avant de la machine. La scène de l'autopsie dans l'amphi est terrible, car montrée deux fois : par l'image de la caméra qui tourne le film et par le grand écran situé derrière le docteur. C'est un film difficile, car le montage n'est pas linéaire, il est adroitement réalisé pour une narration en spirale... Il y a un poisson dans l'eau des WC... Le docteur hésite devant trois portes des... WC. L'humour est noir, très noir... Et puis il y a ces rues désolées de l'industrie en ruines de Badalona, la banlieue de Barcelone. Ce fantastique gothique, dont le décor n'est plus constitué par les abbayes, mais par les rues sordides de nos pays modernes. Si le « diable » ne lui avait pas montré les plaisirs de la vie, il serait mort. Était-ce le diable ou la Mort ?

The Breed de Nicholas Mastandrea (2005)
Si vous avez peur des chiens, ne regardez pas ce film. De jeunes gens en vacances sur une île se font attaquer par des chiens très agressifs et très intelligents. C'est bien joué (avec

l'irremplaçable Michelle Rodriguez) et bien filmé.

Le Nombre 23 de Joel Schumacher (2007)
Un homme qui travaille à la fourrière se fait mordre par un chien. Il le poursuit et le retrouve au cimetière devant la tombe d'une femme : Laura.
Puis sa femme lui donne un livre qu'elle a trouvé dans une librairie. Son titre : *Le nombre 23*.
Il raconte l'histoire d'un détective privé obsédé par ce nombre et son obsession le conduit à un meurtre...
Cette obsession est contagieuse et se transmet petit à petit à notre héros joué par l'excellent Jim Carrey.
Ce film nous entraîne dans les profondeurs de l'inconscient qui trouve toujours le moyen de remonter à la surface, quels que soient les moyens de refoulement utilisés.
Le scénario est très intelligent et la manière lente de filmer de Schumacher est ici parfaite pour cette superbe histoire.

The Thing de Matthijs Van Heijningen Jr. (2011)
On se souvient que dans *The Thing* de John Carpenter, le film commence par l'arrivée d'un chien poursuivi par un homme en hélicoptère qui vient d'une station polaire norvégienne. Le chien était porteur de la « chose ». Excellent film, et vrai remake de *La Chose d'un autre monde* (1951), car les scientifiques de la sta-

tion polaire découvrent l'extraterrestre congelé, alors que le film de Carpenter commence
après, quand les résidents de la station polaire
norvégienne ont déjà été complètement exterminés.
Ce film de Van Heijningen Jr. raconte donc ce
qui s'est passé dans cette station polaire norvégienne. Il se veut donc une préquelle du
film de Carpenter, mais c'en est quasiment un
remake puisque le récit est le même. Tous les
êtres humains de la station sont vampirisés
par la « chose » jusqu'au chien...
À quand la suite du film de Carpenter qui finit
pas une ambiguïté : le spectateur se demande
si l'un des survivants n'est pas contaminé par
« la chose » ?

[REC3] Genesis de Paco Plaza (2011)
Et voilà le numéro 3 en attendant le 4.
C'est un mariage. Un peu cucul comme beaucoup de mariages. C'est fait pour le scénario :
on aime bien voir des gens cucul se faire bouffer par des zombies (enfin, des démons...)
L'oncle explique qu'il a été mordu par un chien
mort et qui a ressuscité... On a compris hein ?
Le patient zéro de l'épidémie de zombies...
C'est un peu con, mais c'est si bien filmé !
1ère partie : présentation des personnages qui
seront zombifiés... filmé en caméra amateur,
vous savez, comme les deux REC précédents...
2e partie : le tonton bouffe une grand-mère,
etc. Malheureusement on ne voit rien avec
leur caméra amateur. Effets spéciaux trop faciles...

3ᵉ partie : la caméra amateur est cassée. Ouf ! merci le scénariste. De toute façon, les personnages en avaient marre d'être filmés. On passe donc au film « normal ». Qu'est-ce qu'ils sont cons ces zombies/démons à gueuler la bouche ouverte pleine de sang.

Puis on revient à une caméra infrarouge. Quel calvaire ces caméras...

Comme d'habitude, il y a toujours un petit groupe qui en réchappe. Le scénariste ne sait pas trop l'expliquer, mais c'est comme ça !

On apprend que l'eau bénite fait fuir les zombies. Ce sont donc bien des démons, hein ? Lamberto Bava !

La scène du car est hallucinante. Vue au travers des caméras de vidéosurveillance (!)

Donc au milieu de cet enfer il y a une histoire d'amour : le marié et la mariée se cherchent.

Il pleut... Et le film montre ostensiblement que c'est de la fausse pluie.

Pour tuer un zombie/démon, utiliser : un fusil, un mixer, une masse d'armes, une tronçonneuse, une épée de chevalier.

Donc un petit hommage à Lamberto Bava avec ses deux films *Démons* et à l'œuvre de Romero, surtout pour la fin, très atroce...

Chroniques de Tchernobyl de Brad Parker (2012)

Aïe, ça commence en vidéo amateur. Ça craint ! Ouf ! ça ne dure pas.

L'explication de l'origine de la catastrophe nucléaire est nulle, mais ce n'est pas grave.

Six jeunes en couple vont visiter une ville située à proximité de la centrale nucléaire, ville qui a été évacuée juste après l'accident. La visite ne devait durer que deux heures...

Le thème de la ville abandonnée, thème post apocalyptique par excellence est donc repris ici, mais dans un lieu situé sur notre planète qui vit encore sa vie en dehors de ce lieu...

Au début, les jeunes rigolent et font semblant de se faire peur.

Mais la peur, la vraie, va les gagner. Cet endroit est finalement terrifiant, comme endroit et par ses « habitants »...

Le guide a l'air inquiet... Il trouve des cendres chaudes dans une pièce d'un immeuble abandonné...

Leur voiture a été sabotée, le guide a disparu, un jeune est gravement blessé par des chiens sauvages... La nuit. Le cinéaste utilise les mêmes procédés que dans le film *Blair Witch*. Et ça marche !

Superbe film ! Il sort de l'ordinaire du genre, c'est sans doute ce qui a dû déplaire à certains.

Effrayant, déprimant.

Une espèce de métaphore sur l'horreur du communisme et sa fin tragique, qui n'en finit pas...

Ce film a été tourné en Serbie et en Hongrie...

L'histoire me fait penser à celle de *Stalker* (1979), film d'Andrei Tarkovski adapté d'un roman soviétique des frères Strougaski, dont le titre d'origine est *Pique-nique au bord du chemin* (1972).

Conjuring : les dossiers Warren (The Conjuring) de James Wan (2013)

James Wan a réalisé *Dead Silence, Insidious, Saw*...

Rhode Island : une gentille petite famille emménage dans une grande maison en pleine campagne. Le chien a peur d'entrer et la petite fille a trouvé une boîte à musique.

James Wan est le spécialiste des grincements et autres bruits, odeurs, portes qui s'ouvrent toutes seules.

« Une fois hanté, c'est comme marcher dans un chewing-gum, vous l'emmenez partout... »

La maison comporte une cave dans laquelle on trouve un magnétophone, comme dans *Evil Dead* (Sam Raimi).

Les époux Warren, un couple de détectives de l'étrange, mènent l'enquête.

Et comme toujours, il y a un espace entre le mur de la chambre et le mur extérieur...

Créature du lac noir

Enfin, ne retrouve pas les hommes-poisson d'HPL dans le personnage de *L'étrange créature du lac noir* (1954) de Jack Arnold ?

Films sur la créature

L'étrange créature du lac noir de Jack Arnold (1954), il faut respecter ce qui n'est pas comme nous, même une créature mi-homme, mi-poisson. Effet fantastique de la projection en trois dimensions.

La Revanche de la créature de Jack Arnold) (1955).
La suite de *L'étrange créature du lac noir* (1954) du même réalisateur.

La Créature du marais de Wes Craven (1982) Un petit film de sériez Z adapté d'un comic. (Il y a eu une séquelle : *La créature du Lagon* (1989) de Jim Wynorski, assez agréable également...)

Hypothermia de James Felix McKenney (2011)
Un joli petit film de série B. Réalisé sans moyen : avec 6 acteurs seulement, un seul site de tournage, et le réalisateur est aussi le scénariste et le monteur. Durée du film : 1 H

07 seulement. Pour dire ! Les acteurs jouent bien et c'est très bien filmé.

C'est un hommage au film culte *L'étrange créature du lac noir* de Jack Arnold (1954) qui a eu une suite et quelques remakes (voir ci-dessous)

Il y a de la recherche dans les premiers plans. Il y a de la tension dès le début : le père de famille tombe dans l'eau glacée en rompant la glace du lac gelé.

La question se pose ensuite : qui sera le premier à être bouffé ?

Ah ! De nouveaux personnages arrivent : des gros cons de beaufs pêcheurs. Ce sont eux qui se feront bouffer les premiers ; of course.

Ils se mettent à pêcher et après une très longue attente ils ont une touche genre « monstre du Loch Ness »... Donc ils vont agrandir le trou dans la glace !

Le monstre est peu visible et très caoutchouteux, mais le résultat de ce qu'il fait est très bien rendu...

Délicieux cet hommage à un film culte...

Il y a donc eu :

L'étrange créature du lac noir de Jack Arnold (1954)

La Revanche de la créature de Jack Arnold (1955)

Le Continent des hommes poissons de Sergio Martino (1979)

La Créature du Lagon de Jim Wynorski (1989)

La Créature du marais de Wes Craven (1982) tiré d'un comics.

Dragons

D'ailleurs, n'est-ce pas étonnant qu'une légende rhodanienne raconte l'histoire du Drac, dragon vivant au fond du fleuve et qui enlève les femmes dont le lait seul peut ressusciter son enfant mort... Or, Drac signifie dragon en... roumain.

C'est en Transylvanie que les plus grandes épidémies de vampirisme ont été recensées dans le passé... Cette province était dirigée par un voïvode, gouverneur de Hongrie, Jean Hunyadi. Les deux autres provinces, la Valachie et la Moldavie constituaient le dernier rempart du christianisme face à l'invasion ottomane. Vladislas III (Vlad), voïvode de Valachie, opposait une résistance farouche à l'envahisseur. Vlad III avait été fait chevalier du dragon : Vlad Dracul (Drac, signifiant dragon en roumain). Emprisonné par les Turcs, c'est son fils, Vlad IV qui lui succéda sur le trône. Vlad Dracula, le suffixe « a » signifiant « fils de ». Ce noble guerrier, juste, mais dur, mena une guerre féroce contre l'envahisseur turc.

Le blason des Bathory comprenait : trois dents de loup, un croissant de lune, un soleil en forme d'étoile à six pointes, le tout entouré d'un dragon qui se mord la queue.

Tourné en France, **Vampyr**, ce premier film parlant du grand cinéaste Carl Th Dreyer

(1932), met en scène une vieille femme vampire et un touriste pêcheur qui passe là par hasard, s'étant arrêté à l'auberge du Dragon volant.

Le film est vaguement inspiré de la nouvelle de Sheridan Le Fanu : « La chambre de l'auberge du dragon volant »

« Je ne désirais pas du tout avoir les mêmes rêves et les mêmes aventures qu'Alice, et quand on me les racontait, j'étais amusé, c'est tout. Je n'avais guère envie de chercher des trésors enfouis et de me battre avec des pirates, et L'île au trésor me laissait froid. Mais le pays de Merlin et du roi Arthur valaient beaucoup mieux que cela, et, par-dessus tout, le Nord indéterminé de Sigurd et du prince de tous les dragons. Ces contrées étaient éminemment désirables. Je n'ai jamais imaginé que le dragon pût appartenir à la même espèce que le cheval. Le dragon portait visiblement le label "Conte de Fées". Le pays où il vivait appartenait à "l'autre monde"... J'avais un désir très profond de dragons. Évidemment, dans ma peau d'enfant timide, je n'avais pas la moindre envie d'en avoir dans le voisinage ni de les voir envahir mon petit monde où je me sentais plus ou moins en sécurité. »

J.R.R. Tolkien cité par Bruno Bettelheim.

« Tout gothique relève d'une imagination fantastique ou grotesque, toute œuvre d'imagination est plus ou moins gothique [...] à l'image

des gargouilles fantastiques, grylles multicé-
phales, dragons ailés de l'art médiéval. »
Maurice Levy

Un tableau a changé : désormais, un dragon
(un griffon) est mort. C'est la Saint George : il
y a deux siècles que la malédiction est lancée.
Le prince Vajda raconte comment, il y a un
siècle, la princesse Macha, qui ressemblait
également à la sorcière, a été tuée par elle.
Dans l'alcool de son verre, il voit le Masque du
démon !
Au château, le prince se réveille, un courant
d'air secoue tout dans la grande pièce... et la
porte de sa chambre s'ouvre sur Iavutich, un
dragon en forme de S brodé sur sa poitrine (il
y a le même au fond de la cheminée). Il s'approche menaçant, mais le prince le repousse
en lui montrant une croix.
Le sorcier se rend à l'auberge pour chercher le
docteur Kruvajan en lui faisant croire que le
prince avait besoin de lui. Il l'emmène en car-
rosse au château où ils empruntent le passage
secret qui mène à la crypte. Ce passage se
trouve au fond de la cheminée derrière le dragon en forme de « S ».
À minuit, le passage secret au griffon (le dragon au fond de la cheminée) s'ouvre pour laisser passer le professeur Kruvajan et le vampire Iavutich.
Description de scènes du film Le **Masque du
Démon** de Mario Bava (1960).

Ce n'est pas lui qui tue le dragon, mais un Homme du village lacustre attaqué par la bête maléfique... Frodon déclare à la fin du « Seigneur des anneaux » : « Aucun Hobbit n'en a jamais tué un autre exprès dans la Comté, et cela ne doit pas recommencer maintenant. » Contrairement à « Bilbo » qui raconte une histoire de reconquête, par les Nains, de leur trésor gardé par le dragon, « Le seigneur des anneaux » raconte une longue bataille pour le pouvoir.

Puis, il y a la faune. Les vertébrés d'abord : loups appelés Wargs, alliés des terribles gobelins, des aigles qui sauvent nos héros (ils sont bien obligés de leur donner de la viande à manger, ce qui ne semble pas trop déranger les principes des Hobbits), des lapins et des lièvres, des ours, des cerfs, des écureuils (immangeables !), des poissons, des chauves-souris, une biche et des faons, une grive (qui servira de messager), des étourneaux et des pinsons, des « charognards », des corbeaux et des corneilles, des blaireaux, une loutre, des cygnes et... un dragon qui est lui-même une catastrophe écologique ! Les invertébrés ensuite : les abeilles et leurs faux-bourdons, les mouches et les araignées, des papillons, dont le « mars-pourpre » « qui recherche les cimes des forêts », des escargots.

De grandes crues et des pluies diluviennes avaient gonflé les eaux qui coulaient vers l'est ; il y avait eu aussi un ou deux tremblements de terre (que d'aucuns attribuèrent au dragon — accompagnant leur évocation d'une malédiction et d'un sinistre signe de tête en direction de la Montagne).

Bilbo sort du ventre de sa mère (son trou de Hobbit qu'il regrette tout au long du voyage) pour aller tuer le dragon qui possède désormais l'or des Nains.

Cavernes et grands arbres, eau stagnante et courante, miroir de l'âme et aigles qui sauvent les héros des loups, passages de fleuves et de rivières, dragon qui dort dans une caverne. À l'instar de Lovecraft, mais sur un tout autre registre, Tolkien a dû utiliser ses rêves pour inventer ses merveilleuses histoires.

À propos du *Seigneur des anneaux* et de *Bilbo le Hobbit* de J.R.R. Tolkien.

Films avec des dragons

Le Géant de la steppe d'Alexandre Ptouchko (1956), film soviétique d'Héroïc Fantasy avec des batailles, des diables, des dragons. En couleurs et CinémaScope... Un des grands films de ce genre, hélas méconnu.

Le dragon du lac de feu de Matthews Robbins (1981)

Excalibur de John Boorman (1981), l'enchanteur Merlin, les chevaliers de la Table Ronde, Perceval...

Merlin and the Sword de Clive Donner (1983)

Enemy de Wolfgang Petersen (1985). Amusante histoire d'extraterrestres. Pendant la guerre contre les Dracs, un humain et un Drac se trouvent isolés sur une planète désertique. Puis, le Drac accouche d'un petit et en meurt... Il faut accepter les différences ! "Drac" est le nom de plusieurs monstres de légendes, le mot a pour origine "dragon" comme d'ailleurs "Dracula".

L'histoire sans fin 1 de Wolfgang Petersen (1984)
L'histoire sans fin 2 de George Miller (1989)
L'histoire sans fin 3 de Peter Mc Donald (1995)

Donjons et dragons de Courtney Solomon (2000). Le jeu de rôle au cinéma.

Évolution d'Ivan Reitman (2001). Ah quelle rigolade ! Une adaptation d'une quantité phénoménale de thèmes des films d'invasion de monstres dans l'histoire du cinéma. Voir en fin de ce livre la liste des films à thèmes *Extraterrestres.*
Ils y sont quasiment tous, avec en prime, Godzilla, les dragons et la connerie des militaires (qui ne le sont pas tant que ça, mais enfin ça fait rire...)

Le Seigneur des anneaux : La communauté de l'anneau de Peter Jackson (2001). Je n'ai jamais été un grand passionné de fantasy, donc de Tolkien. Ceci dit, il n'est pas question de nier l'immense talent et l'immense travail de cet écrivain. Il fallait quelqu'un de sa stature pour adapter son œuvre au cinéma. Et aussi, peut-être surtout, les nouvelles techniques du cinéma. Donc un film d'aventures magnifique. Des images époustouflantes. J'ai interrogé les jeunes enfants qui avaient regardé la séance avec moi :

— *Alors les enfants ? C'était bien ?*

— *Ah oui !* Me répondirent-ils, complètement subjugués.

Voilà donc ce qui m'a ennuyé dans ce grand film : tout a été lissé pour être un film grand public. Les monstres ne font pas peur, les combats sont illisibles (on ne voit rien !) J'en suis convaincu, Tolkien, qui a écrit *Bilbo le Hobbit* pour ses enfants serait d'accord avec ce film. Moi je me suis un peu ennuyé...

Le Seigneur des anneaux : les deux tours de Peter Jackson (2002). Ouahou ! Excellent film. Jubilatoire, lacrymogène et tout...

Je ne crains ni la mort ni la douleur
Et que craignez-vous alors ?
La cage !

Voilà un dialogue qui sied bien à Tolkien qui aurait voulu que l'espèce humaine se libère de la technologie. C'est tout ce qu'il exprime dans son histoire et qui est fabuleusement bien filmé par Jackson ! Contrairement au premier épisode, dans celui-ci (et le suivant) on a bien plus de plaisir de retrouver tous ces personnages quasiment vivants grâce à la magie du cinéma.

Le Seigneur des anneaux : le retour du roi de Peter Jackson (2002). Sublime, incroyable, phénoménal ! Les mots manquent pour définir un niveau aussi élevé d'enthousiasme. Jamais rien vu de pareil...

Le Règne du feu de Rob Bowman (2002). Enfin un film sur les dragons qui n'est pas niais ! Ces dragons y sont ce qu'ils sont. Des monstres sans pitié pour l'espèce humaine. Enfin ! Une petite scène qui se moque de Star Wars et des effets spéciaux à couper le souffle. Pas mal ! Comme dit Ornella Mutti à propos de pâtes dans une pub...
La salle de cinéma était pleine d'enfants, pourtant c'est un film très violent...
Voilà le malentendu sur les dragons...

Donjons & dragons, la puissance suprême de Gerry Lively (2004) Encore une adaptation du fameux jeu de rôles.

eragon de Stefen Fangmeier (2006).
Des épées, des cavaliers, un dragon et un dragonnier.
Cela vous tente ?

La légende de Beowulf (Beowulf) de Robert Zemeckis (2007)

Le grand Zemeckis s'est mis aux légendes nordiques. Il n'a pas bâclé son film : quel boulot !

Un traitement des images donne une « saveur » particulière à ce film étonnant.

Pour ceux qui aiment les guerriers nordiques musclés, les dragons, et les monstres sous les traits d'une très belle femme (Angelina Jolie...) il ne faut pas rater ce film.

On appelle cela de l'Heroic fantasy...

Les acteurs en image de synthèse sont un peu dérangeants. Beowulf se propose pour tuer Grendel, le monstre. Pénible ce Grendel, chiant même, à tuer tout le monde en toute impunité. Mais curieusement Beowulf va n'en faire qu'une bouchée et c'est la maman du monstre qui n'est pas contente. Mais pas contente du tout !

Dante 01 de Marc Caro (2007)

Je tiens Marc Caro pour un grand cinéaste. Il l'a encore prouvé avec ce film superbe.

Pourtant la grande faiblesse de ce film, comme pour *Eden Log*, est dans le scénario écrit par Pierre Bordage, également scénariste d'*Eden Log*.

Néanmoins, Caro met tout son art au service de ce film qu'il ne faut pas manquer de regarder en oubliant le scénario et en se concentrant sur les images et leur mise en scène.

"*Centre de détention psychiatrique Dante 01*".

Pourquoi payer très cher un centre de détention sous forme de satellite d'une planète infernale bien nommée "Dante", une station spatiale habitée en forme de croix ? Sept patients seulement y sont internés. C'est un centre d'expérimentation. Un détenu arrive en même temps qu'une psychiatre. Le détenu dégueule sur le spectateur. Pas très en forme. Ce "nouveau" a été trouvé dans un vaisseau spatial à la dérive. Il ne parle pas. Il y a un débat entre la psy nouvellement arrivée et Perséphone, la psy en place depuis longtemps : l'une va expérimenter un traitement par injection de nanomachines, l'autre maintient l'idée de la cure par le verbe.

Le nouveau détenu présente un tatouage sur l'épaule, représentant Saint-Georges tuant le dragon. Ce Saint-Georges, lui, guérit les détenus de tous leurs maux et parvient même à les ressusciter.

Tout le scénario est basé sur une complicité entre le chef de la station et un autre détenu à qui il est fourni matériel informatique et mot de passe !

Cette complicité est tout simplement invraisemblable !

Il est particulièrement gênant de voir une telle invraisemblance, même si Bordage a voulu reproduire le personnage de Judas, comme l'indique clairement un détenu à un moment du film…

Le symbolisme religieux de la fin est très pesant.

Le premier assistant-réalisateur de ce film, Franck Viestel, a réalisé *Eden Log*. Il aurait mieux fait de choisir un autre scénariste que Pierre Bordage.

Voici les intentions de Marc Caro pour ce film :
*"C'était de continuer à développer, comme dans **Delicatessen** et **La Cité des Enfants Perdus**, la création d'un univers complet et cohérent. Un film, c'est un tout. Et tous les aspects de ce film ont été réalisés dans un esprit artisanal : celui de la précision et de l'amour du travail bien fait. Notamment par un soin porté à l'histoire en abordant nos problématiques contemporaines liées à la technologie et à la déshumanisation, et en jouant sur l'aspect intemporel et universel des mythes.*

Également par un soin porté au décor, traité comme un véritable personnage lui aussi archétypal, sorte d'incarnation du labyrinthe psychologique des personnages dans un jeu de couloirs, d'écrans et de miroirs sans tain.

Et enfin par un soin porté à la lumière, évoquant la tonalité émotionnelle des séquences par le travail sur la couleur, sur le contraste des matières et, sur la densité des ambiances.

Ce film est donc comme le vaisseau de l'histoire et pour le mener à bon port avec cette exigence de qualité, je me suis entouré du meilleur équipage en travaillant avec mes complices de toujours, ceux qui m'ont accompagné sur les précédents films."

Bon... Autant j'ai adoré *Delicatessen* et *La Cité des enfants perdus*, là, je suis un peu perdu !

Cette histoire de détenus grands délinquants psychiatriques dans une station orbitale autour de "Dante" est ennuyeuse. On aimerait penser au *Solaris* (1972) de Tarkovski, mais on s'éloigne vite de cette pensée... Ici le côté fantastique est maniéré par les éléments dont parle Caro ci-dessus.

Mais le film surprend. Peut-être ne faut-il pas se laisser surprendre et regarder ce que Caro nous montre sans vouloir voir ce que montrent les autres films en général...

Un film à voir même si on a peur de s'ennuyer.

Il est vrai également que le thème traité est un thème éculé de la science fiction.

La Momie : la tombe de l'empereur Dragon de Rob Cohen (2008)

Prélude (voix off...) : on s'ennuie ferme à regarder la vie de l'empereur Dragon. Houlala ! si jamais quelqu'un le réveille un jour quelle catastrophe !

Ensuite quelques "aventures" archéologiques. Ah !? On ne savait pas que ça venait de là les soldats chinois en terre cuite. Il y a aussi une histoire de famille. Faut pas jouer avec les très vieux artefacts qui réveillent les morts. Poursuites échevelées ; il y en a même un qui a le feu aux fesses. Un cheval perd la tête. Pas besoin de jumelles pour voir la nature exacte de la jeune fille chinoise.

Ils vont en avion sur les hauteurs de l'Himalaya pour y arriver avant la momie. Là-haut il y a des fusillades et même des Yetis et une avalanche.

Le dragon à trois têtes, lui, est très réussi ; les morts-vivants ne sont pas terribles.

Indiana Jones 4 nous avait déçus, la Momie 3 aussi.

The Hobbit de Peter Jackson (2012)
Après un prologue flamboyant montrant l'arrivée du dragon, les Nains se réunissent à l'appel de Gandalf pour lutter contre ce dernier.
On s'ennuie en assistant à l'invasion par les Nains du Trou de Bilbon.
Ils veulent donc lutter contre le dragon.
Ensuite, c'est la quête : superbe !
Toute la mythologie qui sera développée dans *le Seigneur des anneaux*.
Il y a un signe à la fin : un oiseau !
Guillermo del Toro a participé au scénario

Le Hobbit : la désolation de SMAUG de Peter Jackson (2013)
La suite : la quête du Dragon.
Les Elfes, les Orcs, les Nains et Smaug le dragon…
On retrouve tout le monde et l'anneau tentateur et corrupteur.
Le dragon est superbe et il parle. La suite au prochain épisode si vous n'êtes pas lassé :
Le Hobbit : la Bataille des Cinq Armées du même (2014)

Dragon Hearth 3 : la malédiction du sorcier de Colin Teague (2015)
Un mur sépare le nord du sud de la Grande-Bretagne. Ce mur avait été érigé par les Romains. Un astéroïde amène le dragon sur Terre. Le jeune écuyer, qui ne peut pas deve-

nir chevalier parce que trop généreux, va en profiter.

Le dragon est super chouette et un méchant sorcier utilise la malédiction de la Lune pour en faire son esclave.

Il y a beaucoup de méchants, la tâche est difficile.

Penser à regarder le générique jusqu'à la fin.

Les films précédents ce numéro trois : *Cœur de Dragon* de Rob Cohen (1996) – *Cœur de dragon 2 un nouveau départ* de Doug Lefler (2013)

Dragon Inside Me d'Indar Dzhendubaev (2015)

Une princesse est enlevée par un dragon.

Pourtant la légende disait que le grand-père du fiancé de la jeune-fille l'avait tué…

Et la demoiselle se retrouve sur une île qui n'est, en fait, que le gigantesque squelette d'un dragon. Elle se trouve en compagnie d'un jeune-homme.

Pendant ce temps, le fiancé navigue dans un épais brouillard à la recherche de sa dulcinée.

Ce film est une jolie histoire d'amour entre une jolie petite jeune-fille et un beau dragon. C'est très émouvant.

Le scénario est tiré du roman « The Ritual » de Marina et Sergueï Diatchenko.

Dinosaures

Dinosaures et autres bestioles préhistoriques, en général de grande taille.

Films de dinosaures

Lost Continent de Sam Newfield (1951)
Une fusée expérimentale s'écrase quelque part sur Terre.
Une expédition part la récupérer. Ils sont obligés de gravir une montagne (maudite par les autochtones) et trouvent au sommet une jungle préhistorique et des dinosaures. Le discours "scientifique" n'a ni queue ni tête et l'intrigue est sans intérêt. Les monstres sont très bien pour l'époque.
Ce film reste bien implanté dans le souvenir...

La Planète des tempêtes de Pavel Klushantsen (1962)
Six cosmonautes et un robot parviennent sur Vénus avec deux vaisseaux (le troisième est détruit par un astéroïde dès le début du film).
Ils y trouvent diverses créatures genre dinosaures et des habitants qu'ils entendent, mais qu'ils ne voient jamais...
Ce film est une curiosité cinématographique des films soviétiques de propagande à très petits budgets. On sait aujourd'hui ce qu'est la planète Vénus et ce film est rendu ridicule par

ce savoir, ce qui amène le producteur à carrément s'excuser au début avec un panneau explicatif...

Cette histoire est sans doute inspirée du célèbre film **Planète Interdite** de Fred M. Wilcox (1956). Les Soviétiques n'ayant jamais vu ce film, le scénariste ne s'est pas gêné, d'autant plus que le robot dans le film soviétique est un robot anglo-saxon ! Et, cerise sur le gâteau, *Planète interdite* est inspiré de *La Tempête* de Shakespeare !

En supplément, comme toujours dans le DVD d'Artus Films, le superbe exposé d'Alain Petit, qui ne connaît pas le cinéma soviétique aussi bien que le cinéma italien. En effet, s'il cite bien *Solaris* (1972) le chef-d'œuvre d'Andreï Tarkovski, il oublie le *Stalker* (1979) du même, et aussi l'adaptation du roman ennuyeux de l'écrivain officiel soviétique Efremov, *La Nébuleuse d'Andromède*... Film homonyme de Evgueni Cherstobitov (1967)

Quand les dinosaures dominaient le monde de Val Guest (1969), par le réalisateur du *Monstre* (1955). Dinosaures délicieux en carton-pâte et belles jeunes filles en bikini. Du rétro très agréable...

Le Sixième continent de Kevin Connor (1975), marins anglais et allemands de la Première Guerre mondiale apprendront à vivre ensemble dans ce monde oublié où vivent les dinosaures (en carton-pâte). D'après E. R. Burroughs, le scénario est écrit par le grand écrivain de Fantasy, Michael Moorcock. Une suite à ce film : *Le Continent oublié* (1977) réalisé par Connor qui a adapté un autre cycle de Burroughs dans le film : *Centre Terre 7e continent* (1976)

Du même réalisateur :

Centre Terre 7e continent (1976) Voyage au centre de la Terre ou vivent des primitifs opprimés et des créatures monstrueuses.

Le Continent oublié (1977) La suite du « Sixième continent ».

Jurassic Park de Steven Spielberg (1993), que les dinosaures sont terrifiants, même en image de synthèse. Film qui pose deux problèmes de société : celui des manipulations génétiques et celui du risque technologique majeur. Grâce aux cellules du sang d'un dinosaure contenu dans un moustique préhistorique conservé dans la résine fossile, des scientifiques reconstituent de vrais dinosaures. Un groupe financier crée un parc d'attractions. L'informaticien responsable des mesures de sécurité du parc les désamorce le temps de fuir avec un échantillon génétique des bestiaux. Il se fera dévorer en cours de route. Ce qui est formidable dans ce film, c'est que les effets spéciaux se sont mis au service d'une vraie histoire, d'un vrai suspense. C'est de la vraie science fiction. D'autre part, l'appui de paléontologistes a permis de respecter rigoureusement les connaissances actuelles dans la reconstitution des corps et des mœurs des différentes espèces. Comme d'habitude, Spielberg centre son histoire autour des enfants ce qui a certainement pour but de mieux attendrir le spectateur.

Ne pas rater la suite : *Le Monde perdu* (1997) dans laquelle les effets spéciaux ont été encore perfectionnés (on voyait les trucages avec une vidéo au ralenti dans le premier), notamment, on passe d'une technologie robotique à l'image numérique sans coupe, dans le même plan. Une troisième séquelle : *Jurassic Park 3* de Joe Johnston (2001)

Jurassic World de Colin Trevorrow (2015)
Le parc d'attractions montre des dinosaures génétiquement créés. Un hurluberlu pense à en faire une arme de guerre. Mais le T Rex génétiquement modifié s'évade (le malin) dans le parc plein de monde. Un accident technologique majeur, en quelque sorte ! Avec des savants fous, même si ces derniers nient l'être. Comme dans tous les accidents technologiques majeurs, il y a une réaction en chaîne. Ça craint ! Il y a des morts, plein de morts.
Quel spectacle : ça arrache.

Jurassic World: Fallen Kingdom de J.A. Bayona (2018)
Bon, là on se lasse un peu. Très violent. Les personnages échappent quasiment à tous les dangers sauf les méchants. Pourtant ils ont affaire à très forte partie.

Ils retournent sur l'île pour retrouver leur
« ami » le Velociraptor, mais l'île est détruite
par une éruption volcanique.

Tout le monde en réchappe, y compris les méchants qui ont réussi à emmener un « échantillon » de reptiles et autres sauriens préhistoriques.

Arrivés au siège de la société ils s'aperçoivent
qu'ils ont créé le monstre des monstres : un
Indoraptor... Tout finira bien pour nos héros
qui ont eu raison de tous les dangers incroyables, sauf pour l'espèce humaine qui devra désormais faire avec la présence de toutes
ces espèces de dinosaures très très dangereux... À quand la suite ?

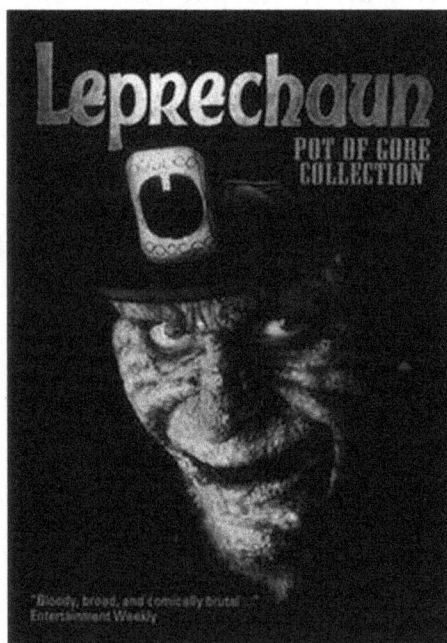

Gnomes, farfadets, lutins...

Pas très courant dans le cinéma fantastique. Mais ils existent, même en dehors des films de contes de fées. Les voici.

Films de gnomes, farfadets, lutins

Critters de Stephen Herek (1986), Tout ce que fait la nature n'est pas obligatoirement bon, la preuve : les Critters. Terreur comique qui critique les défenseurs des animaux. De petites bestioles poilues et munies de fortes dents pointues sautent sur les humains et les dévorent. Suites : *Critters II* de Nick Garris 1988 – *III* de Kristine Peterson 1991 – *IV* de Rupert Harvey 1992. Commentaire à la fin de ce dernier film : « *Aucun Critters n'a été tué ou blessé au cours du tournage de ce film* ».

Leprechaun 3 : Leprechaun à Las Vegas de Brian Trenchard-Smith) 1995.
« *Le Leprechaun [...] est le cordonnier du Petit Peuple* » écrit Arthur Machen dans sa nouvelle *Le Petit Peuple* (1927). Ce film, comme son titre l'indique est la troisième séquelle du petit gnome cruel qui adore l'or. Je n'ai pas vu les deux autres. Celui-là se tient.

Leprechaun Origins de Zach Lipovsky (2013)

Deux petits jeunes sont poursuivis par un monstre dans la forêt. Au milieu : une clairière et un monument... C'est en Irlande, là où sévit le Leprechaun.

Quatre petits jeunes se font emmener en camion pour faire du tourisme... et le chauffeur du camion les laisse dans la clairière susvisée. Il refuse d'aller plus loin. Ils feront donc le reste à pied. Au pub du village, on les allèche avec un site archéologique « Les Pierres des dieux ».

Les deux couples sont emmenés dans une cabane au milieu des bois en camion pour qu'ils puissent partir de là vers le site à visiter. Une cabane dans les bois la nuit...

Les autochtones ont offert les deux couples au Leprechaun.

C'est assez gore, ça démarre vite.

Ils fuient d'une cabane à l'autre, de Charybde en Scylla.

Il y a une cave dans la deuxième maison...

Leprechaun aime l'or et... la viande humaine.

Les autochtones reviennent ramasser les restes des touristes. Mais ces derniers ont survécu et se sont échappés ! Il y a donc un affrontement entre les deux camps...

L'horreur se développe. Cela devient de plus en plus gore. Il y a beaucoup de morts atroces.

Ce qui est bien pour le budget de ces films d'horreur c'est que le casting est composé de peu de comédiens. Pourtant ; le générique est très long. Il y a énormément de chauffeurs et d'assistants...

Tourné en Colombie britannique...

Bon, je vous laisse regarder le film ?

Il y aussi **Leprechaun** de Mark Jones (2017) – **Leprechaun Returns** de Steven Kostanski (2018) - **Leprechaun : Destination Cosmos** (**Leprechaun 4 : In Space**) (1997) de Brian Trenchard-Smith - **Leprechaun 5 : La malédiction** (**Leprechaun 5 : in the Hood**) (2000) de Rob Spera - **Leprechaun 6 : Le retour** (**Leprechaun : Back 2 the Hood**) (2003) de Steven Ayromlooi...

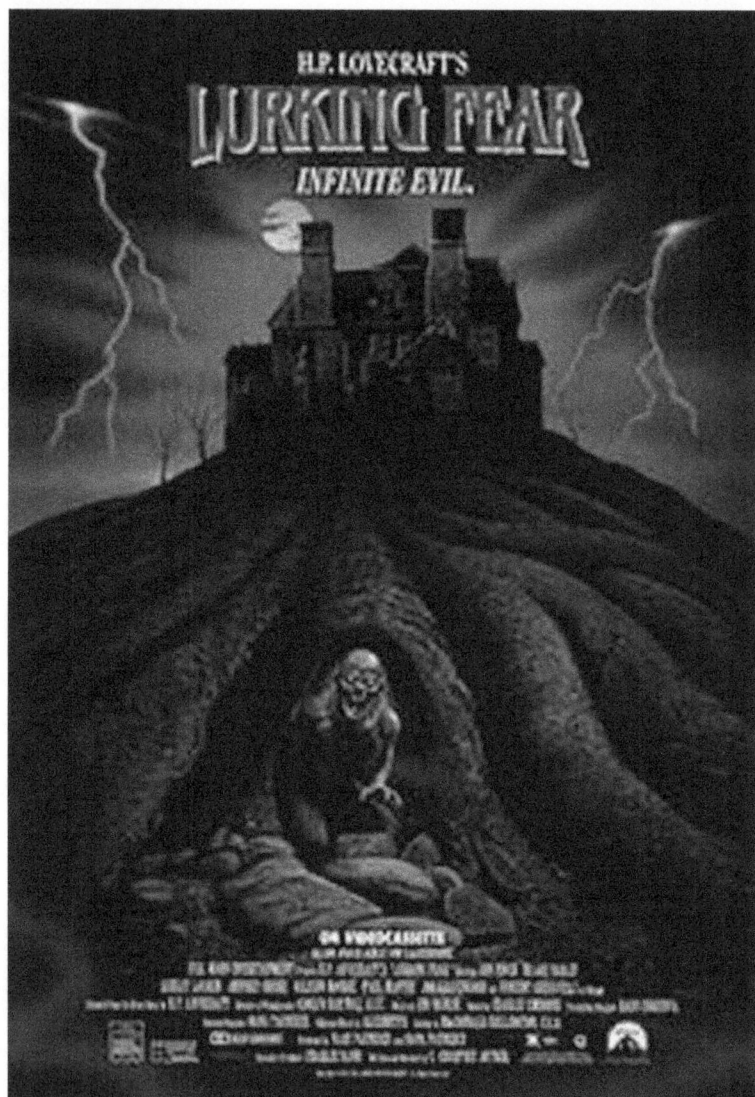

Goules

À l'origine, il y a les légendes arabes des goules qui ne sont pas vraiment des vampires, mais des êtres surnaturels qui dévorent les cadavres et parfois les vivants. C'est en parlant de ces goules que Lovecraft utilise le mot de vampires dans *Démons et merveilles* : « *Créatures carnivores au visage de chien (et aux) formes affaissées* » (*À la recherche de Kadath*).

De Stephen King dans son essai *Pages noires*, édité en 1981 aux États-Unis : « *Les histoires de goules et de cannibales nous entraînent au cœur d'un territoire authentiquement tabou – voir les réactions suscitées par* La Nuit des morts-vivants *et* Zombie *de George Romero.* »

Films de goules

Les Entrailles de l'enfer de Philippe Mora (1982). Histoire de goule qui compile l'œuvre de Lovecraft... Mal joué, filmé médiocrement... Technique : on ne montre rien, la musique suffit...

Lurking Fear de C. Courtney Joyner (1994)
Basé sur la nouvelle de Lovecraft « La Peur qui rôde ».

L'intrigue se déroule dans un cimetière où un trésor (en billets) a été enfoui avec un mort par un croque-mort. Parallèlement ce cimetière est la cache de goules qui massacrent tous les gens qui passent.

Donc tout ce petit monde se retrouve là, les uns pour faire fortune (mais ils ignorent la présence des goules) les autres pour tuer les goules et détruire leur nid (mais ils ignorent ce que cherchent les autres.

Donc bagarres, plein de retournements de situations et des goules pas terribles.

Tout va rentrer dans l'ordre à la fin. Enfin presque ! Contrairement à la nouvelle de Lovecraft...

Hémoglobine *Bleeders* de Peter Svatek (1997)

Dans une île où il n'y a que des femmes (les hommes sont tous à la pêche), le seul hôtel est aussi le funérarium. On déterre les cercueils pour transférer les corps sur le continent et, du coup, les monstres qui se nourrissaient des cadavres n'ont plus à manger !

Monstres cannibales issus de relations sexuelles incestueuses sévissent dans le sous-sol.

Les dégénérés issus de la consanguinité au fond des vallées perdues (ici c'est une île) : un thème récurrent chez Lovecraft.

Godzilla

Le plus célèbre de ces monstres "nucléaires" est bien *Godzilla* (1954) qui a fait l'objet de nombreuses suites dans lesquelles il détruit Tokyo à chaque fois et finit pas affronter d'autres monstres. Le premier *Godzilla* a été réalisé par Inoshiro Honda. Il raconte l'apparition de ce monstre après les explosions nucléaires américaines sur le Japon en 1945. Les Américains ont d'ailleurs distribué le film aux États-Unis, mais comme il ne comportait que des personnages nippons, ils ont rajouté des scènes avec un journaliste américain (!) C'est à cela que fait allusion Emmerich dans son excellent remake de 1997 avec le journaliste français joué par Jean Reno.

Honda a également réalisé un film terrifiant sur une mutation due aux rayons atomiques avec *L'Homme H* (1958)...

Films avec Godzilla

Godzilla d'Inoshiro Honda (1954).
Rappelons que Honda voulait faire un film contre la bombe atomique. Mais, à cause de la censure, il ne pouvait pas. Alors, il a inventé ce monstre issu de la mer et des radiations de la bombe. Ce premier *Godzilla* (en noir et blanc) est un très bon film, saisissant. Contrairement à tous ceux qui ont suivi. Hollywood ne pouvait pas se priver de ce film. Mais, à la

sortie de la guerre avec le Japon, il était difficile d'accepter de montrer un film joué uniquement par des Japonais. Ils ont donc rajouté des scènes avec un acteur américain (Raymond Burr). Il vaut mieux voir la version originale.
Voir toutes les versions de Godzilla dans la chapitre des films à thèmes.

Mothra contre Godzilla d'Inoshiro Honda (1964), une énorme mite, puis ses deux larves, viendront à bout de Godzilla.

La Guerre des monstres d'Inoshiro Honda (1966), de plus en plus de monstres ! Avec *Les Envahisseurs attaquent* (1968) d'Inoshiro Honda on atteindra le maximum, l'overdose de monstres. Ici, on se contente de deux monstres ... Pour la liste des films avec Godzilla, voir ci-dessous *Godzilla* de Roland Emmerich (1998) et la liste des films à thème.

Godzilla de Roland Emmerich (1998). Fallait-il le faire ? Telle est la question que je me posai avant d'aller voir le film. En effet, je n'ai jamais été vraiment attiré par les monstres du cinéma japonais. Après le *Godzilla* de Honda qui est un bon film, on a assisté à une floraison de monstres qui détruisaient Tokyo à chaque film. Comment toute cette aventure a-t-elle commencé ? Honda voulait faire un film contre les bombardements atomiques de Nagasaki et Hiroshima. Mais la censure américaine veillant, il ne pouvait se permettre de traiter le sujet de manière réaliste. Alors il inventa le monstre né des explosions nucléaires américaines, sans que cela soit dit (mais cela se comprend très bien dans le film). Devant son succès phénoménal, Hollywood ne put se résoudre à laisser échapper une telle manne. Alors le film fut distribué aux États-Unis, mais... modifié ! En effet, la guerre contre le Japon étant encore très récente, il était difficile de montrer un film où il n'y avait que des Japonais... Alors on ajouta des scènes avec un journaliste américain joué par Raymond Burr. Incroyable ! La version originale japonaise est disponible en vidéo.

Bien, revenons au film de Roland Emmerich. Je disais qu'il avait fallu le faire. Effectivement, ce film a donné une vraie nouvelle vie au monstre grâce aux stupéfiants effets spéciaux. N'en déplaise aux ringards, les effets spéciaux avec les images de synthèse sont une nouvelle étape dans l'histoire du cinéma, après le son et la couleur... Et il faut bien admettre qu'ils apportent une capacité inouïe de donner vie à l'imagination au travers de l'image. Ni le « réalisme socialiste », ni le « néoréalisme », ni la « nouvelle vague » n'y peuvent changer quelque chose !

Le film commence par la Marseillaise et des images d'explosions nucléaires dans le pacifique, explosions dans l'atmosphère qui n'ont pas eu lieu en réalité depuis de nombreuses années, les derniers essais ayant eu lieu en souterrain. Puis, le début respecte le scénario du film de Honda : un cargo de pêche japonais

est coulé mystérieusement... Il y a aussi un survivant recueilli par les Français et qui répond à la question posée par l'agent secret :
— *Dis-moi ce que tu as vu grand-père ?*
— *Godzilla ! Godzilla !*
Des chalutiers américains seront coulés en étant aspirés vers le fond. La bête est passée du Pacifique à l'atlantique en traversant Panama... Pour rester dans le nucléaire (à croire que les Américains n'ont pas d'armement nucléaire), on va chercher un scientifique qui étudie la mutation des vers de terre à Tchernobyl.

Méthode classique d'un scénario : les différents personnages sont filmés dans les différents coins du monde où ils ont leur activité.

Une magnifique transition : la caméra en hélicoptère filme une voiture qui roule sur une route au Panama, avec, de chaque côté de la voie, les traces géantes de la bestiole. Au plan suivant, la caméra filme de la même manière une rue de Manhattan, « La ville qui ne dort jamais ».

Ici, contrairement à *Independence Day*, du même réalisateur, l'armée américaine manque d'efficacité. Elle accumule même les maladresses. Il faudra la compétence et l'acharnement de l'agent secret français (joué par Jean Reno, toujours aussi superbe) pour permettre aux militaires US de régler le problème. D'ailleurs les maladresses militaires démolissent beaucoup plus New York (dont la population a été évacuée) que la grosse bête. Une très grosse bestiole très dure à tuer. Le film critique aussi les politiciens (le maire...), la télévision... C'est donc l'anti *Indepedence Day* . Pourquoi Hollywood a-t-elle fait ce choix, disons... idéologique ? Eh bien, Hollywood se fout de l'idéologie, sauf quand elle intéresse le marché, les dollars, sonnants et trébuchants. Si l'idéologie d'*Independence Day* a agacé plus d'un spectateur, il était simple de les contenter cette fois avec un aussi gros budget.

Et ça marche ! À part ça, on ne s'ennuie pas une minute.

Le monstre est magnifique. L'humour est grinçant et la musique formidable. C'est filmé par un grand professionnel. À la fin il reste un œuf de Godzilla. À bientôt donc pour *Godzilla 2*...

Une petite erreur dans le film : les reptiles n'ont pas d'odorat. Mais, Godzilla est-il un reptile ? Il faut enfin noter qu'Emmerich rend hommage au film *King Kong* dans plusieurs scènes et, notamment, celle de la fin avec les battements de cœur du monstre...

Godzilla - Final wars de Ryuhei Kitamura (2004), avec la mite géante Mothra, notre monstre cracheur de flammes est appelé à la rescousse pour lutter contre des envahisseurs. Pour les nostalgiques seulement.

The Hole de Joe Dante (2009)
J'aime la première scène qui filme l'intérieur d'un pot d'échappement! Du Joe Dante pur sucre.

La cave de leur nouvelle maison est superbe. Sur le sol, ils trouvent une trappe fermée avec six cadenas. Ils réussissent à l'ouvrir...

Il y a un jeune garçon et son petit frère et la jeune voisine avec un débardeur moulant. Mais elle changera vite de tenue...

Une fois la trappe ouverte, on s'aperçoit qu'elle cachait un trou noir, très noir, et sans fond !

La mère du jeune homme et de son petit frère est partie travailler.

Et voilà que le trou « engendre » un clown pantin terrifiant, une petite fille à qui il manque une chaussure et qui pleure des larmes de sang...

C'est superbement bien filmé (c'est important ça, non ?). La photo est superbe !

On voit un extrait de Godzilla à la télé (tout a un sens dans les films de Dante...)

Les dessins ont de l'importance aussi, et les ampoules électriques.

Chacun a sa part de mystère, de ténèbres...

« Tu as eu peur toute ta vie », dit le père du jeune homme.

« Plus maintenant ! » Rétorque-t-il.

Monsters de Garet Edwards (2010)
Inspiré du film *Le Monstre* de Val Guest (1955)
Comme dans le film de Val Guest, l'horreur vient de l'espace ? Une sonde de la NASA est tombée au Mexique et a emmené une infestation qui a créé de gigantesques monstres. Cet

engin spatial avait « collecté » des germes extraterrestres.

Je ne sais pas pourquoi les scénaristes avaient besoin de ce prétexte « scientifique ». c'est comme ça...

On s'ennuie beaucoup, les monstres sont peu visibles, on les entend parfois. On les verra un peu à la fin... Les plans sont assez désagréables.

En fait, cette histoire de monstres cthulhiens est le prétexte à une histoire d'amour...

Monsters Dark Continent de Tom Green (VII) (2014)

Ce film, sorti direct en DVD, est la suite de "Monsters de Gareth Edwards sorti en 2010.

Edwards est allé réaliser le "Godzilla 2014" et a donc chargé Tom Green (le 7ᵉ du nom) de réaliser cette suite tout en restant producteur exécutif.

L'histoire de ce film est devenue classique : des Marines font la guerre à des extraterrestres sur Terre. Ici ce sont les monstres du premier film qui ont fini par envahir toute la planète.

Son originalité est de le placer dans un contexte d'actualité : la guerre en Irak.

Donc nous voici avec de jeunes recrues dans un pays qui ressemble à l'Irak, zone infestée par les Monstres. Ces créatures Cthulhiennes des sables.

L'armée américaine bombarde les monstres gigantesques, mais il y a des dommages colla-

téraux et cela développe la haine des habitants contre les "sauveurs" américains.

Les GI's (ou la Marine, je ne sais pas) ont
donc double charge : combattre les Monstres
et les insurgés... Ça leur complique drôlement
la vie. En fait, les monstres ne servent que de
décor et de prétexte philosophique à la guerre
contre les insurgés.

La section où se trouvent nos jeunes héros
doit aller chercher quatre soldats en mission
et qui ne répondent plus aux appels radio.

En fait, ce film traite surtout de la monstruosité de la guerre...

Godzilla (Id.) de Gareth Edwards (2014)
Monstres antédiluviens, créatures se nourris-
sant de radioactivité ; pamphlet antinu-
cléaire...

On connaît tout ça et on connaît l'origine de
Godzilla : les explosions des bombes atomiques au Japon à la fin de la 2e guerre mondiale.

Je préfère nettement celui de Roland Emmerich (1998), qui, lui, ne se prenait pas au sérieux...

Transformers âge de l'extinction de Michael Bay (2014)
On est désormais habitué à ces drôles de
« machines » et que vont-ils donc nous montrer pour nous surprendre ? Parce que c'est
quand même le quatrième film « Transformers » !

On regarde et on ne s'en lasse pas ! Faut dire que le réalisateur sait mettre la gomme !

Des types réussissent à fabriquer le métal malléable des Transformers. Mais c'est comme avec Frankenstein, tout n'est pas prévisible.

« Le problème de la fidélité à une cause, c'est que la cause finit toujours par te trahir ! »

Ce film est gigantesque, dantesque ! Spielberg a-t-il mis sa patte avec ces dinosaures ou Godzilla Transformers ?

On ne s'en lasse pas je vous dis !

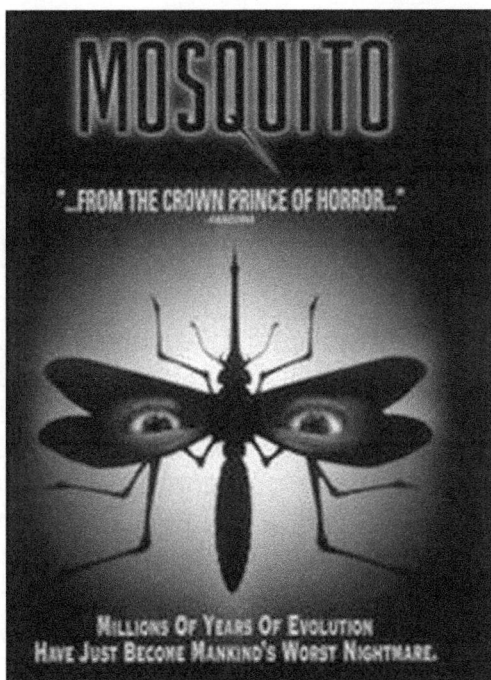

MOSQUITO

"...FROM THE CROWN PRINCE OF HORROR..."

MILLIONS OF YEARS OF EVOLUTION HAVE JUST BECOME MANKIND'S WORST NIGHTMARE.

Insectes, araignées et autres sales bestioles

Les manipulations génétiques conduisent à de sombres aberrations. Dans *Tarantula* (1955) de Jack Arnold, les expériences du savant fou conduisent à la création d'une araignée géante ; mais la science sera victorieuse contre elle-même, puisque cette araignée sera détruite par le... napalm, nouvelle arme découverte alors récemment.

Mais il faut bien le dire, quand Stephen King ouvre la porte, ses monstres ne sont guère convaincants : une araignée ridicule pour *ça*, des extraterrestres même pas étonnants dans *Les Tommyknockers*, un chien dans *Cujo*, une bande d'oiseaux dans *La Part des ténèbres*, etc.

On peut facilement constater une évolution en regardant les trois versions cinématographiques de *L'île du docteur Moreau*. Le premier film, celui d'Erle C. Kenton (1932, respectait la technique présentée par l'écrivain – H. G. Wells – qui a publié son roman en 1896 : la chirurgie. Cela paraît invraisemblable scientifiquement aujourd'hui – mais pourtant repris par le film de Don Taylor en 1977 – et donc complètement abandonné dans le film de Frankenheimer (1996) et remplacé par les manipulations génétiques. Le même type d'évolution est constaté avec le film *La Mouche noire* de Kurt Neumann (1958) où les anatomies du savant et de la mouche se mélangent par morceaux – comme l'avait prévu le roman dont est tiré le film, roman de Georges Langelaan – alors que dans *La Mouche* de David Cronenberg (1986) le mélange se fait au niveau génétique même.

Par contre, en ce qui concerne *Frankenstein*, on n'a jamais assisté à cette même évolution...

Le scientifique qui fait une découverte sensationnelle, et qui l'expérimente sur lui-même entraîne de terribles conséquences.

Le plus fantastique dans ce domaine est bien *La Mouche*, nouvelle de George Langelaan, adaptée deux fois au cinéma, la première fois par Kurt Neumann en 1958 et par David Cronenberg en 1986. Dans le film de David Cronenberg, la présence de l'ordinateur et les découvertes génétiques rendent l'histoire encore plus crédible, car les deux êtres ne se rassemblent pas par morceaux comme dans la première histoire, mais ont leurs gènes complètement imbriqués...

Dans *Alien* (1979) de Ridley Scott, le monstre, plutôt inspiré de ceux de l'écrivain américain Lovecraft, possède un moyen de reproduction emprunté à certaines guêpes qui pondent leurs œufs dans le corps vivant de leurs victimes qui sont dévorées de l'intérieur par la larve...

Films avec insectes, etc.

Tarantula de Jack Arnold (1955), une araignée dont la monstruosité est le produit des recherches d'un savant sème la terreur. Heureusement qu'il y a l'armée et une nouvelle arme : le napalm !

La Mouche noire (1958) de Kurt Neumann tiré lui-même du roman de George Langelaan. Un savant invente un système de translation et mélange malencontreusement des parties du corps d'une mouche au sien.

The Wasp woman de Roger Corman (1959) Scénario de Leo Gordon d'après Kinta Zertuche. Une femme se transforme en guêpe tueuse.

Les Premiers hommes sur la Lune de Nathan H. Juran (1964), un savant invente une substance qui inverse la gravité. Il l'utilise pour aller dans la lune où les voyageurs font connaissance avec le peuple de là-haut. Ces « gens » ressemblent à des insectes.

The Curse of the Fly de Don Sharp (1965) La suite de *La Mouche noire* de Kurt Neumann (1958).
La famille Delambre poursuit des expériences de téléportation qui, évidemment, ne réussissent pas du premier coup.

Un joli film noir et blanc en cinémascope qui vaut rien que par le prologue : l'évasion de l'héroïne d'un asile d'aliénés...

Phenomena de Dario Argento (1984) Insectes nécrophages.

La Mouche de David Cronenberg (1986), un savant découvre un procédé de translation des corps. Il entre dans une cabine, sa structure se désagrège en atomes qui sont transportés par un câble dans une autre cabine. Là, un ordinateur perfectionné qui a parfaitement enregistré la structure intime de la matière du corps translaté le reconstitue. Et cela marche ! Un jour, une mouche s'est introduite dans la cabine de départ. L'ordinateur combine les deux patrimoines génétiques, celui de l'homme et de l'insecte. La transformation physique et psychique sera terrible. Du pur Cronenberg qui ne pouvait être que fasciné par cette histoire de transformation... Suite : *La Mouche 2* par Chris Walas 1992, la vie de l'enfant dont le père fut La Mouche 1...
Remake de *La Mouche noire* de Kurt Neumann (1958) tiré lui-même du roman de George Langelaan

Hiruko de Shinya Tsukamoto (1990). Il ne s'agit pas vraiment d'araignées, mais de démons avec de sales pattes qui décapitent leurs victimes pour n'en faire qu'à leur tête. En quelque sorte, une espèce de *S.O.S. fantômes* *japonais*... Un film délirant comme seuls savent le faire les Japonais !

Arachnophobie de Frank Marshall (1990), une monstrueuse araignée est amenée dans le cercueil d'un photographe qu'elle avait piqué. Gare !

Voix profondes de Lucio Fulci (1991)
C'est le dernier film de Lucio Fulci.
Curieusement, il utilise deux « cartons » pour guider le spectateur.
D'abord « Prologue » : scène dans laquelle un couple fait l'amour dans un lit et un enfant pleure en appelant sa mère. L'homme exaspéré se lève et va tuer l'enfant à coups de couteau. Cette scène a beaucoup de signification dans la suite du film.
Deuxième carton : « L'histoire ».
L'homme du prologue est allongé sur un lit d'hôpital et vomit du sang. Quatre infirmières s'occupent de lui ! Il meurt. La famille refuse l'autopsie, mais elle doit avoir lieu quand même. Le spectateur y assiste et c'est d'ailleurs Lucio Fulci lui-même qui joue le médecin légiste. Il connaît un peu le boulot puisqu'il a fait des études de médecine. Ce sont sans doute ses connaissances en anatomie qui l'ont beaucoup inspiré dans ses films gore.
Le défunt a beaucoup d'ennemis et le film montre pourquoi lors des obsèques pour chacun des personnages de son entourage et de sa famille.

Son fantôme demande à sa fille de découvrir les causes de sa mort. Comment ? Ne le sait-il pas ?

Un film très onirique. Les scènes sont rythmées par des vues du cadavre pourrissant à l'intérieur de son cercueil, sans oublier les asticots, et le bourdonnement des mouches... Une démonstration de l'implacable décomposition des corps après la mort. Fulci était malade et s'attendait à mourir peu de temps après. Il a voulu montrer sa lucidité envers la mort.

On pressent les coupables dès le début et l'arme du crime au milieu du film.

L'idée du scénario (qui a été écrit par Fulci) est excellente. Mais hélas assez maltraitée : les scènes oniriques ne sont pas réussies, parfois trop répétitives, et poussives... On a l'impression de remplissage.

Le bonus du DVD est intéressant avec la bio et la filmo de Fulci, un court-métrage intitulé « Carte postale... » de Patrick Chamare (2003) assez téléphoné. Ce qui est intéressant c'est le documentaire sur Lucio Fulci.

La Secte de Michele Soavi (1991). Terreur des insectes, puits de l'enfer, sadisme barkérien, lente évolution vers l'horreur. Pas mal du tout. Une influence de Lovecraft avec l'immense puits ? Et Masterton et Barker ?

Alien la résurrection de Jean-Pierre Jeunet (1997), dans une station spatiale, un médecin fait renaître Ripley et son monstre grâce aux manipulations génétiques (encore !). Contrairement à ce que dit J.P. Jeunet dans ses nombreuses interviews, je trouve que l'influence d'Hollywood est manifeste. Une fois de plus la Terre est menacée par les monstres. L'ambiguïté de la nature de Ripley (monstre ou être humain ?) n'est pas très bien rendue : il est dommage que la dernière scène qui suggère un accouplement avec le monstre ait été édulcorée, ne signifiant pratiquement plus rien ... Quant aux yeux du nouveau-né, il faut avoir lu un article sur le film pour voir que ce sont ceux de Ripley... Il y a quand même un peu de Jeunet dans ce film grâce aux acteurs et au directeur de la photo. Humour noir : le soldat attaqué par-derrière par un monstre sourit niaisement et ramène de derrière sa tête avec ses doigts un morceau de sa cervelle. Le pirate de l'espace descend un alien et sursaute devant une petite araignée... « *Tu es programmée pour être une conne ?* » Questionne Ripley en s'adressant à Call la jolie robot. C'est dans ce film que l'alien est le plus lovecraftien, dès les images du générique qui montrent en gros plan les parties des corps des sept autres mutants ratés avant Ripley. Un scénario faible, beaucoup d'action et la bête a perdu tout son mystère, car on en voit les moindres détails...

Mimic de Guillermo del Toro (1997), une manipulation génétique (croisement de termite et de mante) détruit les cafards, mais produit une nouvelle espèce géante qui a la particularité de mimétisme avec les humains. Diabolique non ? Toute l'action se passe dans les « *tripes de la ville* ». C'est ainsi que le technicien de la station d'épuration désigne les égouts. Mais surtout dans le métro, et non plus dans un vaisseau spatial ou une station polaire. Magnifique scène de l'enlèvement de la belle par la bête. Le bruit des rames de métro ressemble à celui des insectes. Il y a de superbes scènes d'horreur.

Une séquelle : **Mimic 2** de Jean De Segonsac (2003) et même un Mimic 3 !

Le Fantôme de l'Opéra de Dario Argento (1998). « *Je ne suis pas un fantôme, je suis un rat !* » affirme le fantôme à sa victime... Un rat de l'Opéra alors ? Voilà l'ambiguïté de ce film : parodie ou pas parodie ? Argento a abandonné l'expressionnisme pour le baroque. Son film ressemble au film *Le Masque de cire* (1996) de Sergio Stivaletti (voir ci-dessus). Argento avait déjà mis les rats en scène dans *Inferno*. Mais là les rats prennent forme humaine. Il y a même la grosse italienne des films de Fellini (un hommage ?), des vers, des araignées et des chauves-souris. Les scènes gore sont plutôt du genre comique, pleines de sens (il lui mange la langue, il est coupé en deux, il est empalé phalliquement), gros plan sur la plaie et... sur la luette de la Diva... Les queues de rat sont dans des bocaux et un type construit une balayeuse à rats. Enfin, tout le monde sait qu'un rat est dur à tuer. Mais il suffisait d'utiliser de la mort-aux-rats !

Alors, satire ou pas ? De toute façon une manière nouvelle de traiter une histoire somme toute pas vraiment fantastique...

The X-Files de Rob Bowman (1998). Dans ce film, on n'a rien inventé dans le domaine de la mythologie du fantastique. C'est même du pillage – ouvertement avoué d'ailleurs – de films comme *La Chose d'un autre monde* et *The Thing*, *Alien* et *L'Invasion des profanateurs de sépulture*.

On y retrouve donc bien ses petits. Tout est fait pour réunir devant l'écran des millions d'initiés à la série télé. Le plaisir vient de là : on peut avoir l'impression d'une certaine communion devant toutes les références à l'ensemble de la série depuis le premier épisode... Cette complicité ironique passe par exemple par la scène où Mulder urine contre une affiche d'*Independence Day*... celle où Scully autopsie, celle où ils devaient s'embrasser, mais une abeille mutante a interrompu l'action en piquant la jeune femme, celle où le garçon ne croit pas que Fox soit du FBI, car il a « *un look de voyageur de commerce* », celle où Mulder parle du complot et où, quand son interlocuteur (joué par le magnifique Martin Landau) lui demande ce qu'il a vu, il répond : « *On a vu des abeilles et des champs de maïs* », celle de la fausse mort de Mulder... Cette complicité passe aussi par les affaires de famille de Mulder (et Scully ? Pour le prochain film peut-être...). Autrement, il y a de très beaux effets spéciaux, et, comme la mode le veut, le vaisseau spatial est très... gothique.

Starship Troopers de Paul Verhœven (1998), si seulement Robert Heinlein avait vu cela : une adaptation de son livre qui porte le même titre en anglais (*Étoiles, garde-à-vous !* en français) publié en 1959. Le film prend exactement le contre-pied du roman ouvertement fasciste. Les insectes géants contre qui les humains – de véritables petits nazis – font la guerre sont presque plus sympas. Dans la littérature SF, il y a d'autres histoires de guerre contre des insectes, comme *La Stratégie Ender* (1977) d'Orson Scott Card qui avait sûrement lu le roman d'Heinlein, ce vieux réactionnaire qui avait soutenu l'intervention américaine au Vietnam. Le cinéma ne possédait pas les moyens techniques pour traiter un sujet aussi difficile. Même la série de télévision *Space 2063* (1995) ne montrait qu'occasionnellement l'ennemi. Cette fois, Paul Verhœven a franchi le pas et a fait d'un roman réactionnaire un film de guerre contre la guerre. On retrouve des scènes de films de guerre fabuleux, notamment les films de guerre contre les Japonais, mais aussi les westerns (non ! je ne compare pas les Japonais et les Indiens avec des insectes...). Mais ici la guerre est montrée dans toute son horreur, et l'idéologie qui mène à la boucherie cette chair à canon constituée par l'infanterie est clairement désignée par les uniformes identiques à ceux de la Gestapo. C'est vrai qu'il n'est pas facile de décrypter cela. Mais le traitement infligé à la fin du film à la reine des insectes montre sans ambiguïté que la barbarie est aussi du côté des humains. Contrairement à Heinlein, Verhœven ne défend pas l'idéologie américaine. Il la critique violemment au travers, notamment, des démonstrations du « Net » (cette vaste *toile* d'information) d'une manière qui renvoie à CNN pendant la guerre du Golfe, mais aussi dans l'utilisation d'acteurs qui jouent volontairement mal et du style de la mise en scène parodiée des sitcom. Le réalisateur a aussi choisi des comédiens aux traits réguliers pour reprendre, dit-il, le style des bandes dessinées. Lors de leur première attaque de la planète des « *arachnides* », l'armée humaine subit des pertes énormes : cent mille morts ! Ce film est de la même veine que les grands films de guerre pacifistes comme *Les Sentiers de la gloire* (1957) et *Full metal jacket* (1987) de Stanley Kubrick, ou *Les Hommes contre* (1970) de Francesco Rosi. Ces films montrent comment l'infanterie sert de masse de manœuvres pour les ambitions personnelles des généraux. Et les insectes ? Un ennemi tout trouvé en ces temps où plus rien n'est clair et où l'Amérique ne se sent plus d'adversaire à sa taille... Les effets spéciaux sont superbes ; ils sont, ici, contrairement à d'autres films au service de l'histoire et du vrai artiste qu'est Paul Verhœven. *Starship Troopers* est un grand film politique !

Une séquelle : **Starship Troopers 2** de Phil Tippett (2003) et d'autres aussi.

Dark City de Alex Proyas (1998). Le réalisateur de *The Crow* (1993) nous offre de nouveau de très belles images. Cette fois, le scénario est à la hauteur de son art. C'est vraiment du cinéma du troisième millénaire. Les effets spéciaux sont entièrement au service de l'histoire et font de la ville le personnage principal du film, comme personne ne l'avait réalisé auparavant. Dark City : une ville dont les composantes semblent dater d'époques différentes, une New York mélangée avec Gotham City. Personne n'y voit jamais le jour. La nuit est sans étoiles et la mémoire des hommes est vide bien qu'ils croient en avoir une. Mais questionnez-les précisément : ils seront incapables de vous raconter quelque chose de précis. Dans *La Cité des enfants perdus* (1994) de Caro et Jeunet c'était les rêves qui manquaient. Ici, les *Étrangers*, êtres carapacés de cuir ressemblant à des fourmis ne savent pas ce que c'est qu'être un individu. Alors, avec leur pensée collective, ils étudient les hommes et, chaque nuit (mais n'oublions pas qu'il n'y a pas de jour) ils changent la ville par « *Synthonisation* » (je ne sais pas si c'est la bonne orthographe). En faisant cela, ils construisent eux-mêmes la route qui les conduira à leur perte en expérimentant la recherche de « *Shell Beach* » au travers du héros de l'histoire. Ils vont contribuer à lui donner le même pouvoir qu'eux, et en plus, ils n'aiment pas l'eau (allez savoir pourquoi...) John donc, est un petit surdoué qui possède les mêmes pouvoirs que les « *Étrangers* ». Il résistera au suicide contrairement à ce pauvre inspecteur Walinski qui ne supporte plus cette folie, car il est un de ceux qui ont assisté aux transformations de la ville. Dark City est un grand centre spatial d'expérimentation. La réalité y est devenue insaisissable. Le grand écrivain américain P. K. Dick se serait certainement volontiers reconnu dans cette histoire, car le réel n'y est que le fruit de la pensée collective des *Étrangers*. Là aussi, Clive Barker a laissé son influence avec ses tenues de cuir, ses grandes machineries médiévales. Ainsi que les décors sombres de Gotham City du *Batman* (1989) de Tim Burton. À la fin, Dark City est remodelée par John Murdock en un monde plat que les êtres humains du Moyen Âge croyaient comme le réel... Et au-delà de la mer ?...

Nous avons affaire à une science-fiction hautement philosophique qui pose la question de la réalité. Existe-t-elle vraiment en dehors de notre conscience ? La réponse est non en ce qui concerne Dark City. La ville n'est que le fruit de la pensée des « *Étrangers* », pensée mutée en énergie de transformation par leurs machines "souterraines". Mais, alors, ces machines sont-elles également réelles ? À partir de quelle pensée sont-elles créées ? Voilà qui est bien hégélien (de la pensée de Hegel, grand philosophe allemand) : la matière n'est que la négation de l'Idée, qui est elle-même la négation de la matière... Pour toutes ces raisons, ce très beau film méritait une fin plus ouverte, plus philosophique justement, à la manière de *2001 L'odyssée de l'espace* (1968) de Stanley Kubrick, par exemple.

En salle j'ai eu une expérience étonnante en regardant ce film : à la moitié de la séance, soudain, les paroles devinrent incompréhensibles et les personnages se tenaient tous la tête en bas !!! Le mystère jusque là assez épais devenait alors incroyable ! Finalement le film s'arrêta, les lumières s'allumèrent et on nous annonça que la deuxième bobine avait été raccordée à l'envers... Ouf...

Wild Wild West de Barry Sonnenfeld (1999), avec les personnages de la série de télévision *Les Mystères de l'ouest*. Je ne sais pas si les fans de cette série s'y retrouvent, mais pas moi... Un film carrément ennuyeux ! Will Smith est égal à lui-même et l'histoire genre *Steampunk* est un peu avariée. Seule l'araignée géante en métal vaut le coup, mais on la voit dans la bande-annonce. Ils n'ont peut-être pas fait exprès de faire allusion à un aussi bon film que *Il était une fois dans l'Ouest* !

Shining film TV de Mick Garris (2000). Stephen King lui-même a adapté ce long film TV de son roman Shining. Fallait-il le faire après le chef-d'œuvre de Stanley Kubrick ? Stephen King pense que oui, car Kubrick a trahi dans son œuvre le thème principal du livre : l'amour conjugal – véritable obsession de Stephen King – et l'amour paternel et filial –

idem. D'autre part, ce film TV a rétabli le scénario original, bien plus fantastique et psychologique que celui de Kubrick. Enfin, le personnage principal reprend ses droits : l'enfant lumière Danny. Des passages importants du roman, abandonnés par Kubrick, sont repris ici. Les animaux sculptés dans les haies, le nid de guêpes, la chaudière vétuste et la cave, le maillet de Crocket redevient l'arme du père comme dans le roman. *« Ça fait du bien d'avoir un peu peur »*, déclare un personnage du film. C'est ce qui va vous arriver quand vous allez le regarder. En évitant la comparaison cinématographique avec le chef-d'œuvre de Kubrick.

Mimic 2 de Jean de Segonsac (2000)
Le deuxième opus de la franchise de Guillermo del Toro (1997)
Pas terrible. Amusant.
La fille est intéressante : elle n'a jamais pu s'attacher à un homme, mais son destin était de devenir reine des insectes.

Harry Potter à l'école des sorciers de Chris Colombus (2001) et, **Harry Potter et la chambre des secrets** du même (2002). Autant le premier opus m'a enchanté par les mystères, l'horreur et la joie, autant ce deuxième opus m'a complètement ennuyé ! Au fond on a l'impression de revoir toujours la même histoire de tueur en série dans un lycée anglo-saxon... Pas très original. Quant aux monstres : araignées et serpent géants, idem...

Infested de Josh Olson (2002). Pas de quoi trop s'émouvoir. Un film trop bavard, un hommage très appuyé à *La Nuit des morts-vivants*. Une infestation de mouches...

Arachnid de Jack Sholder (2002). Toujours aussi bon ce Jack ! Un très bon film de monstre : une gigantesque araignée ! Ce bon vieux Jack qui, paraît-il, n'aime pas le fantastique nous a régalés avec *Hidden, Freddy 2, Wishmaster 2...*On ne s'ennuie pas une minute avec ce film d'araignée géante ! Produit par la toute nouvelle (et prometteuse) maison de production Fantastic Factory de Brian Yuzna.

Arac Attack ! d'Ellory Elkayem (2002). Ah ! ces sales araignées. Pas mal foutues et bien reproduites. On reconnaît même les différentes espèces... Faut dire que Roland Emmerich et Dean Devlin, producteurs ont mis le paquet sur les effets spéciaux. Un film en hommage aux *Them !* et autres *Tarantula*... Attention ce n'est pas de l'ironie !

MosquitoMan de Tibor Takacs (2004)
Les moustiques transportent un virus mortel. Des milliers de gens meurent. Il faut trouver la parade. Ils font une recherche pour fabriquer un moustique mutant non porteur...
Ah ! Ces manipulations génétiques ! Ils utilisent l'irradiation. Les chercheuses sont de su-

perbes filles. La police amène un dangereux criminel comme cobaye. Suspense : il tripote secrètement un bout de fil de fer pour ouvrir ses menottes.

Bon... il s'évade dans le labo... Les flics sont très mauvais tireurs (comment est-ce possible ?) et le prisonnier en tenue orange prend en otage une des deux jolies filles.

Les policiers toujours aussi balourds démolissent le labo avec leurs tirs à tort et à travers et cela occasionne des effluves radioactifs auxquelles sont soumis le fuyard et la jolie scientifique. Il s'enfuit par les égouts.

Trop fort : il mute immédiatement (ne perdons pas de temps) en moustique géant. La transformation commence par le bras comme dans *Le Monstre de Val Guest (1955)*. Il se réfugie chez sa copine où il finit de se transformer. Il tue la jeune fille et s'en repaît.

Le moustique géant suit le policier et sa copine qui est la belle scientifique survivante du labo. Cette dernière, en se regardant dans la glace dans sa salle de bain, s'inquiète de certaines choses en se regardant dans la glace.

Le moustique géant suit la fille qui se transforme aussi. Il déguste le très désagréable directeur du centre de recherches. Il est sympa ce moustique gant il tue les gens méchants, inintéressants, cupides... C'est un peu le principe de base des films d'horreur.

Les policiers ignorant l'existence du monstre sont surpris par la manière dont sont mortes ses victimes. Quel massacre !

« Se nourrir et s'accoupler : c'est pour ça qu'il me cherche », déclare la jolie fille qui se transforme…

Pas mal ce film de série B.

Making Of

« C'est de l'humour noir », déclare Tibor Kakacs.

« Tourné à Sofia de manière à ce qu'on croie que c'est une ville américaine », explique la monteuse.

J'aime bien ces making of de films de séries B qui ne se prennent pas au sérieux, ils dévoilent tous leurs trucages souvent de bric et de broc.

« Les personnages sont proches de la caricature. On rend ainsi hommage aux vieux films d'horreur. Avec un film comme ça, on a fait un clin d'œil au public. Mais on lui donne aussi les frissons qu'il attend d'un film d'horreur. » Déclare Tibor Takacs.

« J'aime les éclairages. C'est l'un de mes films qui a la plus belle image ».

C'est vrai !

Alien Apocalypse de Josh Becker (2005)

C'est la fin du règne de l'homme depuis que les **Termites** ont envahi la Terre !

Un pastiche de *La Planète des singes* de Franklin J. Shaffner (1968)

Avec le prodigieux Bruce Campbel (*Evil Dead*…).

Quatre astronautes reviennent sur Terre après 40 ans d'absence en hibernation. La terre est dominée par les Termites, les hommes emprisonnés et bâillonnés.

Ces Termites consomment la cellulose du bois, les télévisions et les doigts humains. Elles me font penser au film *Les Premiers hommes dans la Lune* de Nathan Juran (1964).

Les dialogues sont délirants de stupidité. Le scénario mélange les histoires de plusieurs films post apocalyptiques. Notamment *Independence Day* (1996) à rebours.

Josh Becker est réalisateur dans la série Xena la guerrière.

Le Labyrinthe de Pan de Guillermo del Toro (2005)

Del Toro a une double carrière : celle des films à grand spectacle comme *Mimic, Blade 2 et Hellboy*, et celle des films plus profonds et tout aussi fantastiques comme *Cronos, L'échine du diable* et ce *Labyrinthe de Pan*.

Dans ce dernier film, on retrouve les deux ingrédients du premier – *Cronos* - : le sang et l'horloge, l'obsession de l'éternité ; mort ou vif, l'essentiel est de ne pas être oublié... C'est ici l'obsession du père (qui est aussi *beau-père* de l'héroïne, une petite fille qui doit devenir la princesse du monde des fées...) qui bichonne la montre de son propre père, montre que ce dernier avait cassée juste avant le combat où il allait mourir pour fixer l'heure de sa mort dans l'éternité.

Le sang, c'est aussi celui de la guérison grâce à la mandragore placée sous le lit de la mère enceinte et mourante. C'est aussi le sang qui fera reculer la petite princesse...

Le film commence par un court prologue sur la princesse du monde des fées. Il annonce déjà la terrible fin par une image à rebours. Il plante le décor, celui de la forêt où la petite jeune fille redonne un œil à une statue étrange et rencontre une fée sous forme d'un gros et long insecte volant. Del Toro reprend ici le son de ses insectes dans *Mimic*... Cet insecte – une fée je le rappelle..- fera le lien tout au long du film entre le monde réel et le monde des fées (imaginaire : donc, il existe en tant que fruit de l'imagination !).

Le livre que reçoit l'enfant des mains du faune est appelé "Le Livre de la croisée des chemins" et la petite jeune fille devra passer trois épreuves pour être reconnue comme la reine des fées.

En attendant, son beau-père traque les derniers combattants républicains de la guerre civile espagnole (nous sommes en 1944).

Retrouver le monde des fées pour la toute petite jeune fille, c'est alors échapper à ce monde terrifiant et cruel, le vrai monde de l'horreur ! Y parviendra-t-elle ?

Car, comme le dit le beau-père à sa femme, mère de la petite future ex-reine des fées : "Vois où mènent les lectures de ta fille !"

La traduction française du titre (*Le Labyrinthe du faune* en espagnol) reprend le grand dieu Pan de mon cher Arthur Machen. Pan dont le petit peuple enlevait les enfants des humains...

Un petit clin d'œil à Machen et son "succes-
seur" Lovecraft", dont le fantastique de Guillermo del   Toro est imprégné par son fantôme ?

Les Ailes du chaos de David Jackson (2005)
Des criquets rendus indestructibles par manipulation génétique.
Bon... Avec une difficulté de scénario comme
ça c'est difficile de s'en sortir : la fin sera donc
tirée par les cheveux et complétement invraisemblable... Ah ! ces recherches scientifiques,
voyez à quoi elles mènent !
Le « méchant » du début va s'avérer indispen-
sable pour gérer la crise de l'invasion des criquets mutants, mais comme il est méchant ils
n'en veulent pas.
C'est une catastrophe mondiale, car les insectes détruisent le grenier à céréales du
monde : les USA !
La belle va trouver une solution. Je ne sais pas
si elle est vraiment efficace. Enfin, c'est un
peu n'importe quoi...

Spiderman 3 de Sam Raimi (2007)
Troisième opus de l'homme-araignée.
Cette fois il y a quatre méchants, rien de
moins que ça... dont l'un d'eux est Spiderman
lui-même.
Avec Sam Raimi aux manettes on ne boude
pas son plaisir bien que "deux ça va, trois,
bonjour les dégâts"...
« D'où ils sortent ? Ça ne s'arrêtera jamais ! »
Déclare Spiderman lui-même dans le film...

Starship Troopers 3 Marauder d'Edward Neumeier (2008)

La filière anti militariste du premier film *Starship Troopers* en pleine expansion tragi-comique ? Mais peut-être que certains y verront plutôt le contraire.

Rappelons que le roman *Starhip Troopers* de Robert Heinlein était militariste.

La guerre en Irak ? Rien à voir : ce ne sont pas des insectes qu'on combat là-bas. C'est plutôt Fort Alamo. Et puis c'est vraiment contre cette religion qui fait de la politique. « C'est le mauvais dieu ! » s'exclame l'hôtesse croyante. Finalement les événements auront l'air de lui donner raison...

Le film est très bien tourné, l'action très bien filmée. Le dieu des arachnides est très inspiré du grand Chtulhu.

J'adore ce film. Tout à fait l'esprit de Paul Verhoeven : on interprète ce film comme on veut.

Phénomènes de M. Night Shyamalan (2008)

Les gens se tuent à Central Park. À proximité les ouvriers d'un immeuble en construction se jettent dans le vide. Puis, un prof demande à ses élèves « pourquoi les abeilles disparaissent dans tout le pays ». « Il y a quelques fois des forces qui dépassent notre entendement ! » conclut-il. Voilà donc la philosophie du film ! Et il faut respecter la Nature surtout ! La scène du pistolet qui sert à de multiples suicides est hallucinante... et notre héros est visiblement cocu.

Tout le monde se tue au nord-est des USA. Toxine terroriste ?

Encore un "phénomène" anormal ! « C'est les plantes ! » déclare un personnage. « Le danger c'est le vent ! » se demande notre héros. « Et la taille des groupes… »

Shyamalan ne fait pas ses films comme les autres films. C'est pourquoi une partie de la critique le descend en flammes. Mais ils ont tort. D'abord Shyamalan est un grand cinéaste. Il sait filmer de manière originale. Ensuite il ne traite pas les sujets rebattus de la manière à laquelle on s'y attend. On est toujours surpris. Ce film ressemble à *Signes* : il y a les mêmes traits d'humour et d'autodérision dans une situation dramatique. Dans ces films, les humains sont bons en général. C'est leur agglomération en société qui peut les rendre méchants et ce qu'ils font en société peut se retourner contre eux.

Infestation de Kyle Rankin (2008)

Joli petit film de série B avec de très bons effets spéciaux sur ces insectes géants qui ont infesté la terre entière et qui risquent d'anéantir l'espèce humaine. Avec cet humour spécifique à la série B qu'on ne retrouve nulle part ailleurs.

Possédée d'Ole Bornedal (2012)

Ça démarre sur les chapeaux de roue !

Une boîte avec de mystérieuses inscriptions semble obséder une dame âgée qui veut la détruire. Elle n'y réussit pas, au contraire, c'est elle qui s'autodétruit.

Puis, cette boîte, mise en vente dans le vide-grenier de la maison, se retrouve entre les mains d'une petite fille. Elle réussit à l'ouvrir pour constater qu'elle contient de drôles d'objets.

De la violence, des insectes, une enfant possédée...

Cette boîte renferme un démon : Dybbuk en hébreu.

Très angoissant. Puis... terrifiant ! La scène de l'IRM est terrifiante.

Sam Raimi est un des producteurs. Le film ressemble d'ailleurs à *Evil Dead*.

The Amazing Spider-Man de Marc Webb (2012)

Était-il intéressant d'aller voir ce film après les trois versions de Sam Raimi ?

Ben oui ! Si on aime Spiderman, ça vaut la coup !

Mais sans plus.

Spiderman se bat contre un lézard géant fruit d'une mutation génétique avec un lézard, comme lui, l'est avec une araignée ; dans le même labo !

(Je n'ai pas mis tous les films de Spiderman, l'homme-araignée...)

Attack of the 50 FT Cheerleader de Kevin O'Neill (2012)

Ce film n'est pas un chef-d'œuvre, mais il fait partie, en quelque sorte, de l'histoire du cinéma fantastique, d'abord parce qu'il est produit par Roger Corman, et ensuite, c'est une espèce de remake du film culte *Attack of the 50FT Woman* de Nathan Juran (1959), qui fut lui-même suivi d'un premier remake en 1993. Mais j'y reviendrai plus loin.

Cassie, qui travaille dans un laboratoire de biologie, ne se trouve pas belle. Alors elle expérimente un élixir de jeunesse qui vient d'y être mis au point. Enfin, pas tant au point que ça...

D'autant plus que quelques gouttes de ce produit tombent sur une araignée qui passait par là. Quant à la fille, elle devient canon, mais alors vraiment canon, mais... elle grandit ! Elle ne cesse de grandir. La morale de cette histoire ? Il vaut mieux rester nature !

Le style du film est celui des films d'ados des années 80, un peu amélioré à la sauce de la série des *Scream* de Wes Craven...

La Stratégie Ender de Gavin Hood (2013)

C'est l'adaptation d'un roman de Orson Scott Card qui fut le premier d'un cycle.

Le film est très bien, mais l'adaptation est difficile. Par exemple, le film est très brutal (la guerre c'est brutal), mais le roman de Card est tout en douceur et en finesse. L'horreur de la fin n'en est que plus désespérante. D'ailleurs Card n'a pas une haute opinion de l'espèce humaine.

C'est la guerre contre des extraterrestres qui ont tenté d'envahir la Terre et qui ont échoué, mais leur menace existe toujours ; cela se passe dans un futur lointain imaginé par Card. La guerre est complètement informatisée, virtualisée pour ceux qui la commandent (mais pas pour ceux qui la font...)

Card est obsédé par le génocide. Toute créature est une créature de Dieu, et même l'espèce le plus nuisible ne doit pas être détruite en son entier...

La fin du film est très culcul. C'est un peu (même très) décalé par rapport au reste du film.

Mais c'est bien la fin de Card !

Voici ce que j'écrivais dans mon recueil « Fantastique » (1998) à propos de « La Stratégie Ender » :

La science-fiction dans le cycle d'Ender

Le thème principal de la science-fiction de Card dans le cycle d'Ender est la conquête du cosmos et, donc, la rencontre avec d'autres espèces. De ce thème, en découlent plusieurs autres. Celui de la génétique d'abord, science qui caractérise les différences des espèces entre elles et qui semble le mieux convenir à l'auteur pour illustrer ses théories nietzschéennes. L'écologie ensuite, car qui dit génétique, dit espèces avec leur environnement de vie. Enfin, dans l'infinité du cosmos, il faut pouvoir communiquer entre les hommes, et pour cela, il faut mettre en place des systèmes de communication instantanés et gérer tout cela avec l'informatique mise en réseaux grâce à ce système performant. Les mutations génétiques ont des effets curieux sur le peuple de la planète taoïste de la Voie, puisqu'elles produisent chez eux une maladie : la psychoné-vrose obsessionnelle qui leur fait croire à l'existence des dieux.

Mais la conquête du cosmos et la rencontre d'autres espèces intelligentes ne vont pas sans conflits et donc, sans guerre. Le premier livre du cycle : « La stratégie d'Ender » raconte par le menu détail l'entraînement militaire d'enfants surdoués afin de vaincre et détruire une espèce concurrente : les doryphores. De nouvelles armes sont inventées, mais nous n'en connaîtrons que le principe : « La science a évolué (...) Nous (...) sommes en mesure de contrôler la pesanteur. De la créer, de la supprimer. » Quant aux doryphores, le pouvoir des humains utilise la peur de leur nouvelle invasion pour maintenir l'espèce humaine mobilisée. C'est que ces insectes avaient voulu envahir la terre avec une véritable armada. Seul Mazer Rakham réussit à les vaincre et il participera à l'entraînement d'Ender, car il est parti voyager dans l'espace à des vitesses proches de la lumière et revenu des siècles plus tard alors qu'il n'avait vieilli que de quelques années. Cette méthode permettra à Ender, dans les deux autres volumes de la trilogie, de vivre trois mille années en ayant à peine la cinquantaine... Mais revenons aux doryphores. Graff, l'officier qui suit Ender explique : « Les doryphores étaient des êtres qui auraient parfaitement pu apparaître sur Terre, si les choses avaient tourné autrement un milliard d'années auparavant. Au niveau moléculaire, il n'y avait aucune surprise. Le matériel génétique lui-même était identique. Ce n'était pas un hasard si, aux yeux des êtres humains, ils évoquaient des insectes. Bien que leurs organes soient beaucoup plus complexes et spécialisés que ceux des insectes, et possèdent un squelette interne, ayant renoncé presque complètement à leur squelette externe, leur structure physique rappelait toujours leurs ancêtres, qui devaient beaucoup ressembler aux fourmis de la Terre. » La guerre contre les doryphores se justifie ainsi, selon les militaires :

« (...) Il ne s'agit pas seulement de traduire d'une langue dans une autre. Ils (les doryphores) n'ont pas de langue. Nous avons utilisé tous les moyens possibles pour tenter de communiquer avec eux, mais ils ne possèdent même pas de machines qui leur permettraient de voir que nous envoyons des signaux. Et peut-être ont-ils essayé de nous projeter des pensées et ne comprennent-ils pas pourquoi nous ne répondons pas.

— Ainsi, toute cette guerre repose sur le fait que nous ne pouvons pas nous parler ?

— (...)

— Et si nous les laissions tranquilles ?

— Ender, nous ne sommes pas allés chez eux, ils sont venus chez nous.

— (...)

— Les doryphores ne parlent pas. Ils transmettent leurs pensées et c'est instantané, comme l'effet philotique.

— (...)

— (...) Les doryphores sont des insectes. Ils sont comme des fourmis et des abeilles. Une reine, des ouvrières. »

Et Valentine, la sœur d'Ender précisera encore les choses : « Plutôt que d'amplifier les différences entre les individus, le langage pouvait tout aussi bien les adoucir, les minimiser et arrondir les angles pour permettre aux gens de s'entendre même s'ils ne comprenaient pas vraiment. »

Après avoir détruit les doryphores à la tête des armées humaines, Ender, rongé de remords, retrouvera une reine survivante qui l'attirera sur les lieux de sa cachette en reconstituant une scène du jeu informatique qu'il utilisait lors de son entraînement. Sans l'autorisation de personne, il décidera de l'installer sur Lusitania où elle se reproduira et construira des vaisseaux spatiaux pour retourner vers les étoiles, mais, cette fois, sans esprit de conquête, car, grâce à Ender, la communication a pu être établie entre les deux espèces. Il apprendra encore à mieux les connaître et saura ainsi que les doryphores « voient la chaleur comme nous voyons la lumière. (...) De la peinture thermique » en quelque sorte.

Graff, officier instructeur d'Ender, lui avait parlé d'une grande découverte, la physique philotique qui permet les transmissions instantanées d'un point de l'espace à un autre quelle que soit sa distance. Card n'avait pas encore assez réfléchi à cette physique à ce stade de son œuvre puisqu'il fait dire à son personnage : « Je ne peux pas t'expliquer la physique philotique. De toute manière, personne ne la comprend. Ce qui compte, c'est que nous avons construit l'ansible. Le nom officiel est : Émetteur Instantané à Parallaxe Philotique, mais quelqu'un a exhumé ansible d'un vieux livre... » Explication un peu légère que Card reprendra au début de « Xénocide »... « Les philotes se combinent pour produire une structure durable — un méson, un neutron, un atome (...) — ils s'entrelacent. (...) Les philotes sont les plus petits éléments constitutifs de la matière et de l'énergie. » Mieux encore : « Le philote est l'âme ». Le problème est donc posé de voyager plus vite que la lumière. « Arriver quelque part avant sa propre image. (...) Comme si on traversait un miroir pour rencontrer son double de l'autre côté. » Les humains y parviendront en utilisant les explications de la reine des doryphores. « Quand ils créent une nouvelle reine, ils font venir un genre de créature d'un espace-temps parallèle. » C'est cet espace-temps qu'ils appellent Dehors et qu'ils rejoindront pour créer matériellement leurs désirs. Le royaume de Dieu...

Les êtres humains rencontreront d'autres espèces dans l'univers. Sur la planète Lusitania vivent les Piggies. De petits nains sympathiques à la tête de cochons. Longtemps, les « xénologues » (ceux qui étudient les étrangers) ont cherché quel est le mode de reproduction des Piggies (ou pequeninos). Ils découvriront qu'elle se fait selon un système compliqué de synergie entre l'animal et le végétal. Ces pequeninos, au début gênants, feront frôler la catastrophe à Lusitania, mais, comme, selon Nietzsche, de la catastrophe peut naître la meilleure des choses, ils permettront aux humains de faire une énorme découverte scientifique. En effet, les pequeninos ne vivent et ne se reproduisent que grâce à un virus intelligent, mais mortel pour les humains, la descolada. Cette dernière est « la forme de vie la plus dangereuse de tout l'univers. (...) Elle s'adapte (...) évolue délibérément. Intelligemment.(...) La descolada a été amenée par un vaisseau interstellaire. » Il faudra trouver un virus mutant qui continue à « soutenir » la vie des Piggies, mais qui soit inoffensif pour l'homme. Il suffira d'aller « Dehors » pour le réussir.

Une autre espèce est présente dans ce cycle. Elle a la particularité de n'être représentée que par un seul individu qu'Ender a appelé Jane. « Comme tous les êtres intelligents, elle avait un système de conscience complexe. Deux mille ans auparavant, alors qu'elle n'avait que mille ans, elle avait créé un programme d'autoanalyse. Il mit en évidence une structure très simple comportant approximativement trois cent soixante-dix mille niveaux distincts de conscience. » (!) Le lecteur saura que Jane était née des jeux informatiques d'Ender et de l'imagination extraordinaire du joueur, et qu'elle existe à l'intérieur de son corps. Elle communique instantanément grâce aux ansibles. « Il n'est pas trop absurde que

Jane ait été créée par les reines pendant la campagne menée par Ender contre elles. »

Card est extrêmement cohérent avec lui-même : sa science-fiction cadre bien avec sa philosophie et sa vision de la religion. Il met en place un système basé sur certaines connaissances scientifiques pour montrer un univers vivant, véritable création en perpétuel mouvement.

Et voici, en guise de conclusion, comment, à la fin, il fait décrire l'univers par un de ses personnages, univers dont la géométrie ne peut pas être euclidienne (c'est le moins qu'on puisse dire) :

« Représentez-vous l'instant présent comme la surface d'une sphère en expansion, d'un ballon qui se gonfle. D'un côté le chaos. De l'autre la réalité. Ça n'arrête pas de se dilater (...) de faire jaillir de nouveaux univers continuellement. (...) Envisagez-la comme une sphère de rayon infini (dont la) surface serait absolument plane (..) Et (dont) on ne pourrait jamais faire le tour. (...) Et maintenant, en partant du bord, on monte dans un vaisseau spatial et on se dirige vers l'intérieur, vers le centre. Plus on s'éloigne du bord, plus l'univers vieillit. On retraverse tous les anciens univers. »

Donc, l'univers n'a pas de commencement ni de fin.

« La réalité fonctionne comme ça parce que c'est l'essence de la réalité. Tout ce qui fonctionne autrement retombe dans le chaos. Tout ce qui fonctionne de la même manière passe dans la réalité. »

L'ensemble de mon étude sur Orson Scott Card (dans laquelle il est souvent question d'Ender) est disponible dans le recueil : http://www.amazon.fr/dp/1479243159

Ant-Man de Peyton Reed (2015)

Personnage Marvel.

Comment diminuer la distance énorme qu'il y a entre le noyau atomique et les électrons ? Si on y arrivait dites donc ! Essayez d'imaginer un soldat de la taille d'un insecte, et qui est resté lourd comme quand il était « grand »…

« Tu es un héros pour elle. Deviens ce personnage de légende auquel elle croit. » C'est ce que dit son ex au type qui sort de tôle à propos de leur fille. Le jeune papa vole une combinaison qui rapetisse. Une variation de *L'homme qui rétrécit*.

On a droit à quelques discours (brefs) sur la mécanique quantique, et puis il faut dresser les fourmis pour les utiliser… et mobiliser l'équipe de bras cassés qu'on voit toujours dans ces films. Ça détend…

Il y a juste une grosse invraisemblance : les objets (et les gens) sont devenus tout petits, mais ils ont gardé le même poids (il n'y a pas perte de matière…) Donc le coup du char d'assaut est très nul…

Restez jusqu'à la fin du générique !

Insectula de Michael Peterson (2016)

Il en sort encore des films de série Z comme celui-ci. La preuve !

Une planète de monstres envoie un monstre sur la Terre par des moyens naturels. Pas de raison de se casser la tête pour le scénario, avec une voix qui commente les images…

Sur la plage, un vieillard offre un bijou en forme de papillon à une petite jeune fille… qui va se baigner après avoir dit : « Il est positif ». Le vieux en profite pour partir. Le monstre plonge dans l'eau à proximité en arrivant de l'espace. Il dévore la petite jeune fille sous l'eau dont la tête arrachée remonte à la surface.

Le vieillard est revenu et attend désespérément la petite jeune fille. En fait, c'est un policier en civil… Le détective Novak dirige les recherches. Des gamins pêchent la tête humaine déjà dévorée par les vers.

Et voici la pin-up : une (très jolie) laborantine : jupes courtes, décolleté plongeant, qui assiste le médecin légiste autopsiant la tête avec giclées de sang et plein d'asticots, même des crabes dans le crâne décalotté…

Maintenant c'est le vieux qui dirige l'enquête. En fait, il n'est pas si vieux ! Il s'agit de l'agent del Biando de l'APE (Agence de Protection de l'Environnement, pardi !)

La jolie laborantine le console ; seulement en paroles hein !

Très mal joué, très mal filmé, très mal maquillé avec la fausse moustache de travers. Peut-être que la script-girl du film était bourrée ?

Del va se noyer... Son fantôme au cimetière se voit en train d'essayer d'embrasser la belle laborantine (en civil).

Que dites-vous ? C'est décousu ? Ben oui, c'est décousu... Je n'y peux rien !

Pourtant il est bien noyé et rejeté sur la plage. Mais pas mort ! Il se relève.

Le médecin légiste projette des films sur des recherches entomologistes. Car, en fait, j'ai oublié de vous dire que le monstre était un insecte géant... Il est interrompu par un coup de fil, il répond et la projection du film se déroule sans lui et montre en fait désormais des images de voyeur... Ce médecin s'appelle Kempler. Il déclare que le responsable de la tuerie est un extraterrestre.

Une jolie brune se fait bronzer allongée sur une bouée sur le lac et se fait dévorer de l'intérieur.

La jolie blonde assistante s'appelle Brittany.

La brune dévorée s'appelle Yasmin et c'est une copine à Del.

Au labo arrive Banning qui est consulté comme expert.

La caméra n'arrête pas de trembler. Le caméraman doit avoir Parkinson.

Kempler habite une vieille maison genre maison hantée dans les films de fantômes. Il joue du piano. Il est rongé par des souvenirs honteux lorsqu'il enseignait. La victime type des films d'horreur de série B : un personnage mauvais plein de remords, mais qui continue à faire le mal.

Très ennuyeux.

Eleonor pleure dans une autre pièce, les cheveux sur les yeux, et se retourne en ouvrant la bouche pleine d'asticots.

Kempler regrette, s'excuse auprès d'elle après qu'elle a disparu.

Le réalisateur/scénariste tente de se prendre pour David Lynch.

Le réchauffement climatique est responsable de la venue de cette créature. La pollution quoi !

Elle partage 80 % de son ADN avec *Culiseta Longiareolata*, ce qui en langage courant désigne le moustique commun...

En fait, le moustique commun est *Culex Pipiens*... Bon tant pis pour le documentaliste !

Kempler a trouvé un œuf au bord du lac, l'a fait incuber et a produit une larve. Il l'a nommée *Insectula*.

C'est long ce film !

Il veut débarrasser la Terre de ses parasites, c'est-à-dire, les humains.

Del, lui, se paie deux putes. Et il tombe ivre mort avec sa fausse moustache. Il ne veut pas tromper Hanna.

Les deux prostituées traversent les bois, car elles n'ont plus d'argent pour le taxi (je résume). L'une d'elles se fait enlever par Insectula. Enfin, on le devine malgré les « effets spéciaux » minables.

L'autre atterrit chez Frankenstein/Kempler.

Auparavant Del Biando se mutile dans la salle de bain. Mais il cicatrise vite, car on ne voit plus rien dans les prochaines scènes où on le voit. La prostituée survivante se fait doubler par Kempler qui l'emmène dans les bois (le scénariste est débile ou quoi ?) et ils trouvent le nid d'Insectula.

Ils y pénètrent... (Patience encore 53 minutes de film...)

La fille se fait arroser par du « pus » ainsi nommé par Kempler. Les corps des victimes vivent pour créer du pus dont se nourrit Insectula qui arrive et blesse gravement la fille à la jambe. Insectula la poursuit ainsi que Kempler qui fuit.

Insectula coupe la fille en deux d'un coup de mandibules, puis attaque un avion rempli de voyageurs !

Del Biando est relevé de ses fonctions et se fait confisquer ses dossiers par les militaires. Ah ! Il ne manquait plus que ceux-là...

Kempler, de retour dans son labo, appelle un ami au secours.

La secrétaire prend une demi-journée de congé et se rend à la maison hantée (celle de Kempler), toujours avec sa blouse très courte, déboutonnée à la poitrine et une minijupe noire. Elle va dans la cave.

Elle y découvre une Insectula prisonnière. (Ou un Insectula prisonnier, comme vous voulez).

Elle se fait surprendre par Kempler avec de jolies scènes de jeux d'ombre à la Nosferatu.

Une autre scène avec deux militaires hauts gradés, car Insectula est cernée par les militaires. Combat entre un homme avec une hache et Insectula dans une usine. C'est raté.

Chez Kempler, la secrétaire est en slip et sou-tien-gorge, attachée à une chaise. Elle s'appelle Mlle Sax.

Dialogue surréaliste et mal filmé avec Kempler.

Loba, l'assistant de Frankenstein (enfin Kempler...) arrive. Del Biando surgit et se fait maî-triser par Loba.

Mlle Sax essaie de séduire Loba. L'acteur joue bien le rôle de cette créature de Frankenstein.

Il libère la fille !

Kempler surgit et tue Loba avec son revolver. Il libère le bébé Insectula et l'enferme dans une boîte pour l'emmener vers sa maman.

Mlle Sax a remis sa blouse et retrouve sa voi-ture. Mais elle voit passer Kempler avec son chargement maudit et le suit. Ce film me fait penser à *Plan 9 of Outer Space* !

Insectula tue le bébé apporté par Kempler.

Elle le poursuit dans la forêt hantée par ses victimes. Insectula tue Kempler.

Mlle Sax l'assiste dans son agonie. En fait, il voulait sauver le monde, non ? Un hélicoptère arrive.

Insectula dévore une femme toute crue et sème la terreur dans la ville. Les militaires la poursuivent et font des bavures en lui tirant dessus. Il n'y a que deux militaires. Pas ques-tion d'embaucher des figurants.

Insectula est invulnérable aux balles des héli-coptères, aux obus. Les scénaristes ridiculisent l'armée.

La question est posée de l'utilisation de l'arme nucléaire (comme toujours dans ces cas-là).

Del Biando prépare quelque chose dans le labo de Kempler. Il va affronter Insectula avec sa fausse moustache. C'est une opération suicide : il vaut se faire avaler par le monstre et une fois dedans se faire exploser. Ça réussit !

Mlle Sax a mis une robe noire un peu plus longue et va déposer une rose sur la tombe de Del Biando. Un joli papillon bleu se pose et un autre...

Attention, une scène dans le générique : Kempler est ressuscité par un personnage Frankenstein bis... mais juste la tête !

JéruZalem de Doron Paz et Yoav Paz (2016)
Une citation du Talmud en début de film nous apprend que Jérusalem est une des trois portes de l'enfer.

Ça commence par un film amateur qui montre une possession post mortem... Faut aimer les mauvais films, enfin, désolé, je veux dire les films pas professionnels, même s'ils sont réalisés par des professionnels pour faire croire qu'ils ne le sont pas...

Ensuite, on continue sur le mode "amateur" avec des lunettes connectées qui filment tout et permettent de surfer sur le web, échanger des messages, etc.

Ces lunettes sont portées par une des deux jeunes filles qui font un voyage en Israël. C'est un peu l'orgie : l'une baise avec un jeune homme rencontré dans l'avion (c'est celle qui porte les lunettes/caméra) et l'autre avec un jeune Arabe qui gère l'auberge de jeunesse où elles sont logées à Jérusalem.

Comme vous l'avez remarqué en lisant ce que j'ai écrit jusqu'ici, ce film m'a agacé. Mais en fait, il n'est pas si mal que cela. Il est juste dérangeant, avec facilité, c'est sûr, mais il reste gravé dans la mémoire. En fait il est très bon, faut sortir de ses schémas traditionnels de la *Grande Forme* du cinéma.

L'action, la vraie, la terreur commencent après 48 minutes de film. Les portes de l'enfer se sont ouvertes et les morts reviennent en zombies (le "Z" de JéruZalem) et ils ont des ailes pour voler. Avec toute la tradition du zombie contagieux, etc.

Pauvre JéruZalem ! On ne peut s'empêcher de penser au film *World War Z* (Marc Foster 2013) qui comporte une scène terrifiante du siège de Jérusalem par les zombies.

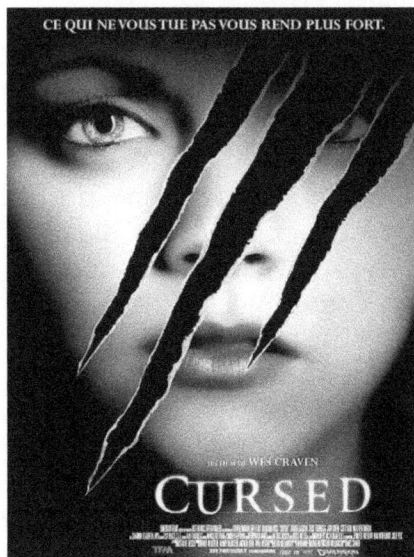

CE QUI NE VOUS TUE PAS VOUS REND PLUS FORT.

CURSED

Loups-garous et autres loups

Ce mythe du monstre qui est en nous tient trop des traditions de la morale chrétienne pour fasciner autant que les deux autres grands : *Dracula* et *Frankenstein*. Un autre mythe de la même orientation est bien plus fascinant, c'est celui du *Loup-Garou*. C'est qu'il présente une morale inversée de celui du *Dr Jekyll*. Il ne s'agit pas du Mal qui est en nous, mais de la Bête ! Et qui osera affirmer qu'il n'a jamais été fasciné par cette bestialité que nous devons refréner ? Quel plaisir de pouvoir courir dans la forêt et chasser, dévorer à pleines dents...

Ces histoires sont tirées de légendes issues d'une société médiévale plongée dans une nature hostile constituée de vastes forêts impénétrables peuplées de loups affamés.

Un vieux monsieur s'approche de Hutter et lui dit : « Vous ne pouvez aller plus loin maintenant, la bête gronde dans les bois. »
Dehors, les chevaux s'affolent dans les prés. On voit rôder la bête, moitié hyène et moitié loup... Des vieilles effrayées font le signe de croix. Hutter a pris une chambre. Il s'installe après avoir bien ri des superstitions des villageois.
(Cette scène est inspirée d'un passage de « Dracula » que Bram Stoker n'a pas laissé

dans le roman et qui a été publié plus tard sous forme de nouvelle avec le titre : « L'invité de Dracula ». Jonathan s'est perdu la nuit dans un cimetière sous la neige et a failli être dévoré par un grand loup (la « bête »). C'est un message de Dracula aux gens du pays qui les a conduits vers lui pour le sauver...)
Sur le film **Nosferatu** de Murnau (1922)

Films de loups-garous et autres loups

Le Loup-garou de George Waggner (1941), belle scène avec un télescope qui m'a fait penser à Hoffmann et au roman *La Nuit de Walpurgis* de Meyrink. La forêt est somptueusement fantastique. Et, bien sûr, il y a Bela Lugosi dans un petit rôle!

Frankenstein rencontre le loup-garou de Roy William Neill (1943). Malgré son titre racoleur, ce film n'est pas si mal. Il renvoie bien sûr au *Frankenstein* de James Whale, ou plutôt à sa suite *La Fiancée de Frankenstein* (1935) avec le prologue dans le cimetière et aussi au *Loup-garou* de Waggner (1941). Il y a tous les ingrédients des films d'horreur modernes : une explication "scientifique" ("c'est un lycanthrope") qui permet de rendre l'histoire rationnelle donc plus vraisemblable donc plus horrible... Il y a la Gitane qui *sait*. Le monstre est pris dans la glace et Bela Lugosi a enfin rencontré le rôle qu'il avait refusé pour le *Frankenstein* de Whale et accepté alors par Boris Karloff. Le docteur n'a pas besoin de la foudre, il utilise l'énergie hydraulique et tous les instruments de la science moderne de l'époque, même la radiographie !

La Fille du loup-garou de Henry Levin (1944), au musée des horreurs, sur l'occultisme et le surnaturel, on raconte la fabuleuse histoire de Marie Latour, la fille loup-garou qui avait tué son mari et avait disparu. Le fils, lui, ne croit pas aux loups-garous... Discours du guide au musée : *« Vous allez voir et entendre des choses incroyables et votre imagination fera le reste... »*

La Nuit du loup-garou de Terence Fisher (1961), célèbre pour le maquillage du loup, dont la photo est souvent utilisée pour illustrer le genre.

Les Vampires du Dr Dracula d'Enrique Lopez Eguiluz (1968)
Titre original : *La Marca del Hombre Lobo*.
Comme vous pouvez le comprendre sans être un spécialiste de la langue espagnole, le titre original parle de loup-garou alors que le titre en français parle de Dracula. Alors qu'il n'y a pas de Dracula dans le film !
Éclairages à la Mario Bava, fantastiques couleurs, superbes images, de vrais tableaux de Rembrandt...
« Je suis devenu une créature de Dracula ! » s'exclame Valdemar après être redevenu un

homme, car il s'était transformé en loup-garou. D'où le titre français sans doute...
L'héroïne est filmée plusieurs fois au travers d'une grille en fer. Paul Naschy qui joue le rôle principal n'est pas très bon... Pour sauver Valdemar, ils font venir un vieil érudit et son assistante qui sont en réalité des vampires...
On se pose des questions logiques. Par exemple : pourquoi, mordu, Valdemar se transforme en loup-garou et pas les autres mordus...

Dracula contre Frankenstein de Tulio Demichelli et Hugo Fregonese (1969)
Pour envahir la Terre, des extraterrestres récupèrent les cadavres pour emprunter leur corps et ils tentent de libérer des monstres qui seront leurs troupes de choc. Scénario emberlificoté.
D'ailleurs, le film est très bavard au début pour expliquer le scénario.
« Les femmes très belles sont de très puissants aimants ». On aime ou on n'aime pas le jeu de mots avec « aimants »...
Un vampire renaît quand on enlève le pieu planté dans sa poitrine. Voilà déjà Dracula.
Les extraterrestres enlèvent une belle blonde pour en faire une esclave. Un policier enquête, car il y a eu un meurtre. Il est question d'un livre maudit aussi.
« Ça prend l'allure d'un très mauvais roman », déclare le policier. On ne le lui fait pas dire !
Vampire – loup-garou – momie – Frankenstein...

Le scénario est de Paul Naschi qui joue également le loup-garou.

Personne dans le film, ne s'appelle Dracula, ni Frankenstein... Mais c'est racoleur dans le titre.

Dans le DVD d'Artus Films, Alain Petit commente ce film avec toute son érudition sur les films de série B. Il nous raconte la carrière de tous les participants : acteurs, réalisateurs, scénaristes. Le scénario est très inspiré du film *Plan 9 from outher Space* et de *Plan X*.

Dracula et ses femmes vampires de Dan Curtis (1974)

Scénario de Richard Matheson (décidément, on le retrouve partout...)

Les scènes classiques : meute de loups, château, Dracula tout en noir, le col de Borgo...

Ici ce n'est pas Mina que convoite Dracula, mais Lucy.

Harker est un peu porté sur la bouteille et Dracula est toujours amoureux de sa bien-aimée morte depuis des siècles, mais qui semble réincarnée en Lucy.

Matheson a simplifié l'intrigue du roman de Bram Stoker. Le film est correct.

Mais il l'a respectée jusqu'à la moitié du film où l'on reconnaît sa superbe imagination pour finir avec la course-poursuite de Dracula retourné en son château des Carpates.

Par contre, le château de Carfax n'est pas aussi inquiétant que celui du film *Nosferatu* de Murnau.

Van Helsing se promène sans se séparer de sa sacoche qui contient le pieu et le maillet.
Par contre, Jack Palance n'est pas terrible en Dracula... Christophe Lee en avait marre ? Pourtant il reviendra dans la parodie *Dracula père et fils* d'Édouard Molinaro (1976)

Dracula de John Badham (1979), Frank Langella ne parvient vraiment pas à imiter Lugosi. Scénario du Dracula de Browning remanié (non seulement Dracula séduit la fiancée de Jonathan, mais aussi la fille de Van Helsing et celle du docteur Seward). Quelques scènes intéressantes : l'arrivée du bateau qui transporte Dracula et qui fait naufrage (le vampire se transforme en loup quand les marins russes veulent passer son cercueil par-dessus bord) ; le test du cheval vierge pour trouver le tombeau du vampire ; la fille de Van Helsing transformée en vampire et retrouvée dans d'anciennes galeries de mines sous le cimetière ; la poursuite de Dracula en voiture...

Wolfen de Michael Wadleigh (1980), à New York, les Indiens se transforment en loup pour venger le génocide.

Hurlements de Joe Dante (1980), un petit village tranquille où rôdent les loups-garous. Ce film fut célèbre pour sa scène de transformation d'un homme en loup-garou. Les rares spectateurs qui restent jusqu'au bout du générique de fin sont récompensés par un extrait du *Loup-garou* de Georges Waggner (1941).

Très nombreuses suites qu'il serait lassant d'énumérer. Seul *Hurlements 2* est sorti en France, mais ne casse pas trois pattes à un canard...

Le Loup-garou de Londres de John Landis (1981), le mythe transposé en pleine ville de Londres. Ce film est devenu un film culte. Il traite le thème du loup-garou comme détaché du sujet, sur un mode comique, mais comme si le cinéaste ne l'avait pas voulu. Cela donne un effet intéressant. Une suite a été tournée à Paris et au Luxembourg (*Le Loup-garou de Paris* d'Anthony Waller (1997).

Au-delà du réel de Ken Russel (1981), grâce à l'absorption de substances extraites de champignons et au sommeil profond, un chercheur retourne à l'animalité et même avant... Une très belle variation moderne du loup-garou !

Ladyhawke, la femme de la nuit de Richard Donner (1984), elle se transforme en aigle le jour, il se transforme en loup la nuit... comment les amants vont-ils se retrouver ? Superbe histoire.

La Compagnie des loups de Neil Jordan (1984), loups-garou et psychanalyse des contes de fées de Bruno Bettelheim. Ennuyeux comme la plupart des films de Neil Jordan.

Peur bleue de D. Attis (1985), variation sur le loup-garou par Stephen King.

Wolf de Mike Nichols (1994), avec Jack Nicholson qui joue le loup-garou, on en a pour son argent.

Un Vampire à Brooklyn de Wes Craven (1996), un vampire black débarque à New York. Il semblerait qu'Eddy Murphy, producteur de ce film, ait eu envie de jouer un rôle de vampire et qu'il ait demandé à Craven de le mettre en scène... Reinfield s'appelle ici Julius. Un bateau entre dans le port sans capitaine et sans matelots qui sont tous morts. Un loup s'en échappe... Les scénaristes (ils se sont mis à plusieurs...) reprennent l'idée de Saberhagen : que s'est-il passé après l'histoire racontée par Bram Stoker ? On sait que Mina portait alors un enfant... Julius se décompose petit à petit. Il y a, malgré tout, plusieurs choses intéressantes dans ce film : le sang qui coule du trou de la serrure, une citation du *Cid*, la parodie de la religion et de ses ouailles, et l'humour gore. Enfin, heureusement qu'il y a aussi le savoir-faire de Craven.

Le Loup-garou de Paris de Anthony Waller (1997). On attendait depuis longtemps ce remake du *Loup-garou de Londres* (1981) de John Landis. Pas mal réussi : toutes les idées ont été reprises (notamment les zombies en charpie, anciennes victimes du loup-garou), l'humour se mêle à l'horreur et au macabre.

Ici la fin est heureuse contrairement à celle du film de John Landis. Ce qui change vraiment, ce sont les effets spéciaux, car les loups-garous sont en image numérique, ce qui n'est pas mal, ne soyons pas nostalgiques des bons vieux maquillages et maquettes en plastique s'il vous plaît. Un générique puissant qui vous donne envie d'en savoir plus, une fille qui perd sa chaussure comme Cendrillon (après avoir été sauvée du suicide par un saut en élastique d'un jeune Américain du haut de la tour Eiffel). On croit à un moment donné que cette fille est infirmière comme celle du film *Le Loup-garou de Londres*, mais on se trompe, car elle s'était déguisée pour venir voler un cœur (anatomique) dans la salle d'opération de l'hôpital... Comme dans le film précédent, l'humour amplifie la terreur. Il y a un autre conte de fées puisqu'on parle aussi du Petit Chaperon Rouge... Et puis un thème qui a été repris de *Full Eclipse* film de télévision d'Anthony Hickox dans lequel un sérum permet de se transformer en loup-garou quand on le veut pour mieux débarrasser le monde des êtres inférieurs qui l'encombrent... La scène de la fête et des gens qui se transforment en loups-garous n'est pas sans rappeler *Une Nuit en enfer* (1995) de Robert Rodriguez.

Le Pacte des loups de Christophe Gans (2000). J'avais adoré *Crying Freeman*. Une nouvelle manière de présenter une fiction au cinéma. J'avais aussi adoré le sketch de Gans dans *Necronomicon*. J'ai aussi adoré *Le Pacte* *des loups*. Les combats sont toujours aussi érotiques et chorégraphiques : sublimes ! Les paysages encore mieux... J'ai adoré les hommages : à John Woo bien sûr (qu'est-ce qu'on en a à faire de penser que le kung fu n'existait pas en France à cette époque ?), mais aussi aux autres monstres du cinéma, et particulièrement à *Alien 3* avec la scène où la bête ne mange pas la jolie fille, une autre scène du même genre dans *Relic*, d'ailleurs, les évolutions de la bête ressemblent à celles du monstre de *Relic*. J'ai adoré le scénario : plein de surprises finalement. Les effets spéciaux numériques ont quelques faiblesses, mais tout à fait pardonnables. Par contre, les acteurs ! Pas bon Le Bihan ! Pas bon du tout : il récite ! Seuls les femmes et Vincent Cassel tiennent la route. Dommage. Ce dernier a dit que Christophe Gans ne dirigeait pas ses acteurs : ça doit être vrai !

Ginger Snaps de John Fawcett (2001). Excellent film de loup-garou. C'est filmé volontairement de manière légère et au fur et à mesure que la situation s'aggrave on va de surprise en surprise...

Dog soldiers de Neil Marshall (2002). Excellent film de loups-garous ! Hommage à plein d'autres films de monstres : *La Nuit des morts-vivants,* mais surtout *Le Retour des morts-vivants, 1 et 3* !, formidablement bien tourné, plans serrés qui nous font toujours nous demander ce qu'il y a hors champ, montage très précis par le réalisateur lui-même. Très peu d'effets spéciaux, mais un effet gore et monstre efficace... Une scène de recollage des chairs avec de la colle Uhu assez unique ! Les militaires n'ont toujours pas la cote... Un vrai plaisir ce film !

Underworld de Len Wiseman (2003). Romeo et Juliette chez les vampires. Sacré Shakespeare ! Toujours aussi vivant ! Les Capulet et les Montaigu sont les vampires et les loups-garous. Ce nouveau Roméeo et Juliette est excellent. De l'action qui vous tient les nerfs du début à la fin. Un retournement de moralité en milieu de film, les bons deviennent les méchants et vice versa... La fille est extraordinairement belle. Du vrai gothique, lourd et glauque. Les décors sont délicieusement macabres et décadents.

Cursed de Wes Craven (2003), avec Ken Williamson au scénario fallait pas s'attendre à de bien grandes nouveautés pour une histoire de loups-garous. Heureusement que Wes Craven est un très bon artisan. Comme d'habitude avec les films de ce scénariste, le méchant est vite pressenti, puis douté, puis de nouveau pressenti... Sa caractéristique demeure : il est particulièrement con, assez pour se faire tuer à la fin, bien que quasiment invulnérable.

Van Helsing de Stephen Sommers (2004). Excellent film de divertissement. Stephen Sommers a réussi un tour de force avec ce scénario : il reprend tous les grands personnages fondateurs du fantastique moderne et les rassemble dans une seule et même aventure. Une fois fait cela semble aller de soi, mais là je vous assure que c'est très difficile. Le Dr Jekyll (au début seulement... avec donc un hommage à la *Ligue des gentlemen extraordinaires*), Frankenstein, Dracula, le loup-garou.! Il y a aussi de nombreux hommages à d'autres personnages de films plus récents : évidemment Indiana Jones avec l'incroyable scène de la diligence et d'autres choses encore, le Dracula de Coppola avec la rivière au fond du gouffre, et puis même une réplique d'Anna à la fin qui est un hommage flamboyant au film de Sergio Leone *Le Bon, la Brute et le Truand*, les scènes de chevauchées dans la forêt tirées des films de La Hammer et *Aliens* (la scène avec Anna et le loup-garou dans le château et les "œufs" de vampires). Il y a aussi James Bond (la scène dans le labo avec les gadgets) et *Vampires* de Carpenter avec le rôle de l'Église dans l'intrigue. Le prologue en noir et blanc qui rend hommage au *Frankenstein* de James Whale est superbe. Quelques petites scènes qui renvoient au "Nosferatu" de Murnau (tâchez de les découvrir...), au *Bal des vampires* de Polanski (d'ailleurs Dracula ressemble étrangement à Polanski...), et puis sans savoir exactement quoi, bien des choses me font penser au *Masque du démon* de Mario Bava. Enfin bref, je n'ai jamais vu un film qui rassemble autant de références cinématographiques, bien plus que celles de l'Universal... Alors ce film est une pépite pour le grand public et *aussi* pour le cinéphile. Le générique de fin à lui seul est un chef-d'œuvre...

Les effets spéciaux sont superbes et les trois fiancées de Dracula aussi ! D'ailleurs voici ce qu'en dit Stephen Sommers interviewé par Marc Sessego dans Sfmag N° 43 : « *Le problème est qu'il y a très peu de jeunes femmes à la plastique superbe sachant jouer. On (*avec Coppola NDLR*) a vraiment cherché partout, et je suis tombé sur cette cassette d'Elena Anaya et j'ai été tellement impressionné que je me suis dit : c'est elle qu'il me faut.* » Les décors sont somptueux, très suggestifs et très vraisemblables ; la photo est également très belle.

Harry Potter et le prisonnier d'Azkaban de Alfonso Cuaron (2004). Qu'est-ce qui m'ennuie dans ces films? Eh bien c'est l'histoire. Elle est composée des pires clichés de la littérature : l'enfant orphelin avec des tuteurs odieux qui se réfugie dans le même milieu que ses parents. Tout cela est trempé dans une sauce fantastique, et c'est là tout l'art de l'écrivain, qui rend ainsi ces clichés encore plus crédibles. Cet enfant évidemment est un enfant surdoué, ou plutôt doué de pouvoirs qui le rendent bien plus "valable" que ces odieux tuteurs. Ceci dit le premier film bénéficiait d'une très belle réalisation et possédait les atouts de la surprise produite par les différents mondes de Harry et de sa tribu. Le deuxième nettement moins bien fait fut très décevant ! Vraiment ! on pouvait éviter de nous resservir le match sur les balais volants... Ce troisième est très bien réalisé, mais, une fois de plus comment faire un film d'horreur pour les enfants ? Ici rien ne fait peur. Introduire le loup-garou – personnage aussi ressassé (et tellement inutile) – dans l'intrigue peut donner à penser à une défaillance de l'imagination de la créatrice. Mais après tout, tout est comme cela dans l'histoire. Car qu'apporte-t-elle de nouveau dans le chaudron de l'imaginaire ? Rien, si ce n'est du rassis et du réchauffé... Mais cette histoire de famille, comme toutes les histoires de famille dans l'histoire de la littérature, plaît énormément ! Moi je m'ennuie...

American Haunting de Courtney Solomon (2005)
Une histoire de hantise, de possession, tirée, paraît-il, d'une histoire vraie. Avec le grand Donald Sutherland. La jeune fille Betsy est très jolie (Rachel Hurd-Wood) ce qui rend son calvaire encore plus insupportable au spectateur. Il y a le rationaliste qui nie et qui a tort, le spectateur le sait... Mais peut-être que non... Il y a un loup aussi. Noir... On soupçonne la femme qui a eu un différend avec le père Bell et qui a la réputation d'être une sorcière. Les flash-back sont en noir et blanc. Il n'est pas sûr que tout le monde saisira l'explication finale.

Underworld 2 evolution de Len Wiseman (2005).

Le second volet de cette histoire de guerre entre les loups-garous (lycans) et les vampires. Certains critiques ont trouvé le scénario compliqué ! Rien de plus simple pourtant : un vieux vampire a vu ses enfants frères jumeaux devenir pour l'un vampire et pour l'autre loup-garou. C'était il ya 600 ans. Aujourd'hui, le petit frère veut relâcher l'horrible loup-garou enfermé pendant tous ces siècles. C'est compliqué ça ?

Le film commence avec une scène stupéfiante de combat entre vampires et loups-garous au Moyen Âge. Ceux qui n'ont pas compris le scénario ont dû arriver après cette scène...

Le film comprend une grande quantité de très jolis plans et des bagarres à couper le souffle. Excellentissime...

Évidemment ce film n'est pas recommandé pour ceux qui aiment les vampires chochottes et les loups-garous petits chienschiens à sa maman...

Ça saigne énormément et c'est très violent. Wiseman rend hommage à Dracula avec sa scène du bateau qui vogue en direction du port et qui ne manque pas de rappeler le Nosferatu de Murnau...

La belle Kate Beckinsale moulée dans son costume en latex vaut à elle seule d'aller voir le film.

Un excellent film : vivement la 3e partie !

The Wolfman de Joe Johnston (2008)
Une variation du film homonyme de l'Universal. Pas très original, mais regardable.

Underworld 3 Rise of the Lycans de Patrick Tatopoulos (2009)
Le film commence avec une voix off et ensuite il fait tout le temps nuit... On n'y voit pas grand-chose et cette histoire de Romeo et Juliette n'est pas originale. La fin est un peu niaise.
Tatopoulos est un excellent artiste créateur des effets spéciaux, mais il a encore beaucoup à apprendre comme réalisateur.

Twilight chapitre 2 : tentation de Chris Weitz (2009)
Assez ennuyeux, beaucoup plus que le précédent opus. Les combats entre loups-garous et vampires sont bien faits.

Dylan Dog de Kevin Munroe (2010)
Sortie en DVD en juillet 2012.
Un film tiré du comics américain de Tiziano Sclavi.
On verra dans le film qu'un vampire, celui qui tient en main la croix de Belial, s'appelle Sclavi.
Seules les BD, et particulièrement les comics américains et aussi, désormais les Manga, ne craignent pas d'inventer des histoires extravagantes et complètement déjantées. Avant eux le cinéma n'avait jamais osé, ou si peu... Maintenant il les adapte et ça donne des films

surréalistes, pleins de candeur et de naïveté. Comme ce *Dylan Dog*.

Un détective de l'étrange, un tantinet bellâtre, est entraîné dans une enquête qu'il avait refusée dans un premier temps.

Classique.

Il est un grand connaisseur du monde occulte des zombies, loups-garous, vampires et autres monstres... Tous ces braves monstres vivant incognito parmi nous. Vous n'en avez jamais vu ?

Classique aussi. Depuis quelques années.

On aperçoit un moment une affiche des Marx Brothers collée sur une porte. Message : « Ne prenez pas ce film trop au sérieux. »

En fait, il s'agit de chasser le « cœur de Belial », vous savez, Belial, le démon, l'ange déchu devenu roi de l'enfer... Ce « cœur » est un bijou en forme de croix avec un peu de sang qu'il suffit d'injecter à un monstre et Belial investira son corps.

Très classique aussi la fin à tiroirs, fausse fin, puis une deuxième fausse fin, etc.

Enfin, ils arrivent quand même à nous surprendre...

On passe un bon moment.

Le Chaperon rouge de Catherine Hardwicke (2011)

La réalisatrice du premier *Twilight* nous offre sa vision du conte de Perrault.

C'est féerique. Un conte de fées ce n'est pas du néoréalisme italien ou du réalisme socialiste !

Donc la cinéaste a traité cette histoire de loup-garou comme un conte de fées. Et non pas comme un film d'horreur.

Mais qui est donc ce loup-garou qui parle au chaperon rouge ?

« Je te connais bien. » a-t-il dit à la jeune fille. Mais QUI est-il ?

L'instrument de torture est une chaudière en forme d'éléphant dans laquelle on fait cuire les suppliciés.

Ah ! Ces secrets de famille !

Ce film est superbe !

Twilight chapitre 3 hésitation de David Slade (2011)

Twilight chapitre 4 Revelation 1ère partie de Bill Condon (2011)

Twilight chapitre 5 Revelation 2ème partie de Bill Condon (2012)

Les trois derniers films de la saga.

Dans le chapitre 4, après avoir hésité dans le chapitre 3, la petite jeune fille amoureuse du vampire est enceinte de lui (!) et meurt pendant l'accouchement. Un seul moyen de s'en sortir, la transformer en vampire ce qui est fait. Amusant non ?

Voyons la fin. Le chapitre 5.

Le générique est très ennuyeux. La jeune vampire ne tue pas la biche, mais le méchant lynx qui voulait la manger ! La morale est sauve !

Donc une petite fille est née d'un vampire et d'une humaine. Mais qu'est-ce ?

Ce petit bébé a un lien avec le loup-garou amoureux de sa mère !

Tout cela ne plaît pas à tout le monde bien sûr. Donc voilà les ennuis qui arrivent, et l'ennui reste toujours.

Les enfants immortels sont des vampires incontrôlables. La petite presque nouveau-née n'en est pas un.

Mais, hélas, certains le croient. Ça sera donc la guerre.

Ici on mélange le Bit Lit et X-men. Même la bataille finale est... bidon !

Et le loup-garou, amoureux transi, a son lot de consolation.

Le meilleur des mondes !

Underworld : Nouvelle ère de Marlind et Stein (2012)

Quatrième opus des films *Underworld* sur la guerre entre les vampires et les lycans.

Très nul. Kate Beckinsale est toujours aussi belle, mais le scénario est indigeste. Pourtant ils s'y sont mis à quatre pour le rédiger !

Werewolf de Louis Morneau (2012) (**The Beast Among Us**)

Prologue impressionnant. Ça commence bien !

Un loup-garou sévit dans une région de Transylvanie. Des chasseurs spécialisés partent en chasse. C'est très gore. On voit beaucoup de pièces détachées anatomiques.

La situation est épouvantable. La bête sévit et fait de nombreuses victimes.

C'est un cauchemar. Il y a quelques scènes de véritable boucherie.

Les trois personnages sont réunis : le loup-garou, le méchant wurdalak (vampire) et une belle fille...

Dracula 3D de Dario Argento (2013)

Quelle joie de voir un nouveau film de Dario Argento !

D'autant plus que c'est Sergio Stivaletti qui supervise les effets spéciaux !

Argento s'exprime beaucoup dans ses plans, son montage et ses perspectives. Sur ce dernier point il utilise à fond la 3D.

Il filme le même personnage à l'intérieur, puis à l'extérieur. Là où il est en sécurité et là où il est en danger...

La trame n'est pas la même que dans le roman de Dracula. Mais le cours de l'historien est respecté. Les citations aussi comme cette exclamation de Dracula quand il entend hurler les loups : « Écoutez-les ! Les enfants de la nuit... »

Il y a quelques variantes pour certaines scènes, comme celle du doigt coupé : ce n'est pas Dracula qui suce le sang de ce doigt...

Ce n'est pas non plus Lucy qui est exorcisée par Van Helsing, mais un personnage inventé pour l'occasion.

L'aspect onirique est développé et fabuleusement traité. Les plans sont étudiés pour rendre les perspectives étranges comme dans le cinéma expressionniste. Un hommage direct est rendu au *Nosferatu* de Murnau. Un expressionisme de couleurs...

Ainsi, plusieurs plans de l'escalier en contre-plongée symbolisent (selon moi) le destin comme dans le *Cabinet du Docteur Caligari*... Ou comme dans la *Maison de la sorcière* de Lovecraft... Nouvelle dans laquelle Lovecraft écrit : « On retrouva Gilman sur le plancher de sa vieille mansarde aux angles bizarres... » ou encore : « L'espace étroit au toit pointu illuminé de violet, avec son plancher oblique... »

L'amour est éternel ! 400 ans après, Dracula n'a pas oublié sa bien-aimée.

« La passion est aussi dévastatrice qu'un bûcher ! » S'exclame Van Helsing.

Une fois de plus Argento a su nous surprendre avec un thème pourtant éculé. Il a inventé un nouveau Dracula, une nouvelle histoire, du moins, une nouvelle manière de la raconter. Comme il a toujours su le faire.

Films : **Nosferatu le vampire** de Friedriech Wilhelm Muranu (1922) - **Le Cabinet du Docteur Caligari** de Robert Wiene (1919) - Texte : **La Maison de la sorcière** de Howard Phillips Lovecraft (1932)

Howl de Paul Hyette (2015)
Un train avec quelques passagers est en panne en plein milieu de la forêt. Le huis clos est dramatique, car le train est assiégé par des loups-garous. Bien sûr l'intrigue s'appuie sur la psychologie des personnages. Mais face aux loups-garous, peu vont survivre. Un film bien léché.

Un hommage appuyé au film de Romero **La Nuit des Morts-Vivants**. On y retrouve les mêmes ingrédients dramatiques :
- Les monstres, humains à l'origine, infectent par la morsure les humains qui deviennent comme eux. Ici ce sont les loups-garous, chez Romero ce sont les zombies.
- Les humains sont assiégés dans un lieu clos. Le train ici et la maison chez Romero.

Aucun homme ni dieu de Jeremy Saulnier (2018)
Une femme embauche un chasseur pour tuer le loup qui a enlevé son enfant. Elle n'aime pas les loups. Son mari va rentrer de la guerre. Ça se passe en Alaska (ancienne terre russe). Le plan cinématographique qui « explique » l'enlèvement est superbe.
Le chasseur écrit un livre « Un an parmi eux. » (Il me rappelle un gars que j'ai connu sur le plateau de D8)
« Vous n'avez aucune idée (…) de la noirceur qu'il y a là dehors. »
Elle n'a pas prévenu son mari. D'autres enfants avaient été enlevés par des loups.
Le rythme est lent. De longs silences. Le chasseur est « vieux » ; c'est la femme qui le lui a dit. « Je ne peux pas vous payer. » Lui dit-elle. Il répond : « Ce n'est pas grave. »
La nuit, elle se promène nue avec un masque de loup stylisé. Elle se couche avec le chasseur…

Dehors, un homme observe le petit chalet où ils dorment.

Puis, scène de guerre (en Irak ? Le mari de la femme aux loups ?). Le soldat observe un autre soldat qui viole une femme dans une maison. Il entre et le tue à coups de couteau. Il donne le couteau à la femme violée pour qu'elle finisse le travail. Il prend une balle dans le cou quelque temps plus tard. Il est blessé et rapatrié.

Nous retournons en Alaska. Le chasseur se met en chasse au petit matin dans la nuit noire. Il n'est pas le bienvenu comme le lui dit une femme.

Plus tard il entre dans une caverne, ressort et imite le cri du loup. L'un d'eux lui répond. Il trouve une meute qui dévore un gibier qui est un louveteau sacrifié...

Il tombe et perd son fusil. La meute l'attaque. Il récupère son arme et réussit à les mettre en joue après un moment pénible.

Merveilleux décor naturel. Les loups s'arrêtent, il rentre et arrive au chalet à la nuit tombée complètement frigorifié. La femme n'est plus là. Il descend à la cave où il trouve le corps de l'enfant emballé dans un plastique. Il appelle à l'aide, des gens arrivent.

« Vous le saviez ! » Dit-il à la femme qui lui avait dit de partir.

« Laissez-nous avec nos démons, » répond-elle.

La police arrive. Le père est prévenu. Le policier dit au chasseur : « Vous ne pouvez pas rester ici. Ça va aller pur conduire ? »

Les villageois disent que la mère est possédée par un démon loup.

Le chasseur fait le parallèle entre le louveteau dévoré par la meute et la mère qui a tué son enfant. On voit une scène flash-back où le père (le soldat) est avec son enfant. L'homme qui surveillait la cabane l'attend et lui donne un couteau à son arrivée. Dans l'espace d'attente du poste de police, le chasseur, le père et l'homme attendent. Le père doit reconnaître le corps du petit garçon.

Le père appelle le chasseur : « Eh ! Le loup-garou ! » et lui serre la main.

La mère est accusée de l'assassinat de son fils.

Le père tue les deux policiers et d'autres aussi. Le chasseur et le chef de la police avaient quitté les lieux en voiture. Le père et son compagnon enterrent l'enfant. Son cercueil est marqué du sang de son père.

Le père est devenu un fugitif et son copain « fait son affaire des flics. »

Le soldat rassemble des armes et se rend chez la « vieille sorcière ». Elle lui raconte comment les loups sont venus dévorer le corps des défunts. « Ça, c'est notre affaire à nous ! »

Le chasseur appelle sa fille à son travail. Il lui laisse un message.

Il se recouche et voit la mère lui dire : « Il y a quelque chose qui ne tourne pas rond dans le ciel. » Il tente d'appeler la police pour lui parler de la « vieille femme » à qui il avait parlé.

Le père (Vernon Sloane) est à la recacher d'une mine, d'un tunnel... La population est consternée au vu des morts et par la disparition du corps de l'enfant. Le chasseur va voir la vieille femme : elle est égorgée !

La police arrive avec des citoyens armés. C'est le massacre : l'acolyte de Vernon est posté en haut d'une grange avec une mitrailleuse et tire sur tout ce qui bouge. Scènes au suspense intense, dramatique.

Vernon roule vers la société Kennebeck et Mc Carthy ; une exploitation minière. Il va à l'auberge où la femme lui dit que sa femme était bien venue il y a deux nuits. Elle voulait voir le chasseur indien qui n'a d'indien que le nom. Vernon va renifler son odeur dans les draps et se rend chez l'Indien...

Sur l'écran, retour au village ; le chasseur, le chef de la police et sa femme enceinte sont réunis et sympathisent.

Pis on repart vers Vernon. L'Indien raconte que Vernon était venu avec son père qui avait dit que son fils était anormal. Vernon est anormal selon son père ! Sa femme est passée par là et est repartie en laissant son masque. Vernon tue l'Indien en lui disant : « Ça te ferait du bien de libérer le loup qui est en toi ! » Il se sauve et l'aubergiste le blesse en lui tirant dessus. Il se réfugie chez une connaissance qui le soigne. Gare !

Nous retournons à Keelut (le village) chez le policier. Discussion sur le pourquoi et le comment.

« Elle a cherché à le sauver de la noirceur qu'elle a en elle, qu'elle a en lui ! »

Le chasseur a été appelé pour qu'elle ait quelqu'un à qui raconter son histoire et être punie.

Le policier demande au chasseur où il a vu la meute de loups.

Souvenirs de Vernon et sa femme dans la grotte qu'a vue le chasseur. Son copain (qu'il n'avait pas encore tué) téléphone aux flics quand il arrive. Il le tue en lui enfonçant le couteau dans le crâne.

Le policier et le chasseur s'envolent en avion. Ils vont pourchasser le tueur.

Ils atterrissent sur un lac gelé. Très bien filmé. Il y a des traces de quatre loups : « 50 kg chacun »… Vernon transperce le cou du policier avec une flèche. Il meurt. Le chasseur est seul. Il retrouve sa grotte. Il trouve la femme (la mère du petit tué), mais est blessé par une flèche de Vernon qui étrangle sa femme, mais ne parvient pas à la tuer. Le chasseur blessé reprend connaissance. Vernon lui fait tirer une bouffée de cigarette et retire la flèche avec précautions. Le couple s'en va. La femme dit au chasseur : « Vous comprenez maintenant pour le ciel maintenant ? N'est-ce pas ? » Le blessé sort de la grotte. Les quatre loups l'ont trouvé. Les secours arrivent : « Ils vous ont épargnés. » Lui dit un des sauveteurs.

Vernon et sa femme creusent un trou dans la glace et tirent le cercueil de leur fils sur un traîneau.

La fille du chasseur vient le voir à l'hôpital.

Le mystère n'est pas assez mystérieux. Le film ne tient pas ses promesses.

Parasites

Toute la saga des films « **Alien** » porte sur le système de reproduction parasitaire de l'extraterrestre, imité de la sexualité de certaines guêpes...
Voici la généalogie de cette série :
La Chose d'un autre monde de Christian Nyby (1951),
Le Monstre de Val Guest (1955),
La Planète des vampires de Mario Bava (1965).
Alien, le 8e passager de Ridley Scott (1979),
The Thing
Aliens, le retour de James Cameron (1986)
Alien ^{3} de David Fincher (1992)
Alien la résurrection de Jean-Pierre Jeunet (1997)
Alien Vs Predator de Paul Anderson (2004)
Aliens Vs Predator : Requiem de Colin Strause, Greg Strause (2007)
The Thing de Matthijs Van Heijningen Jr. (2011)
Prometheus de Ridley Scott (2012)
Alien : Covenant de Ridley Scott (2016)

Dans la série télé **Stargate SG1**, les Goa'ulds sont des parasites intelligents qui infectent des hôtes, d'abord les Unas (des espèces de monstres sauvages) qui sont originaires de la même planète que les Goa'Ulds, et ensuite des humains. Ils ont une forme de serpent et pénètrent dans l'organisme de l'hôte pour le do-

miner complètement. Ce sont eux qui ont utilisé les portes des étoiles (fabriquées par les
"Anciens") pour déporter les peuples de la
Terre sur d'autres planètes dans notre Ga-
laxie. Les deux épisodes 120 "Dans le nid du
serpent" et 201 "La Morsure du serpent" ra-
content la tentative de destruction de la Terre
par Apophis un maître Goa'Uld. Bien d'autres
épisodes sont consacrés aux tentatives de di-
vers maîtres Goa'uld d'envahir la Terre. Il y a
aussi de gentils Goa'Ulds : les To'Kras. Ils ont
organisé la résistance contre les grands
maîtres Goa'Ulds. Samantha Carter a été infectée par Jolinar, un To'Kra. Ces To'Kras
n'infectent que les hôtes consentants, par
exemple le père de Carter qui est mourant et
qui, ainsi, pourra guérir de son cancer grâce à
son symbiote...

Films avec des parasites

La Chose d'un autre monde de Christian
Nyby (1951), avec quel mépris certains critiques parlent de la *« carotte extraterrestre »*
pour parler de l'alien de ce film qui m'avait
terrifié dans mon enfance. Beaucoup de critiques attribuent sa réalisation à Howard
Hawks qui en fut le producteur, mais, pitié
laissons à Nyby la paternité de son chef-
d'œuvre ! Cette histoire est adaptée d'une
nouvelle de John W. Campbell *La Bête d'un
autre monde* (1938). Campbel qui s'est visiblement largement inspiré d'un petit roman de

Lovecraft *Les Montagnes hallucinées.* C'est le chef-d'œuvre des films d'épouvante des années cinquante. La scène au cours de laquelle les savants ont planté les graines du monstre et se sont aperçus qu'elles ont germé n'a jamais été égalée.

John Carpenter a réalisé en 1982 un remarquable remake. Un autre remake de la période faste du cinéma fantastique espagnol, avec Peter Cushing et Christopher Lee : *Terreur dans le Shangaï express* (1972) par Eugenio Martin, reprend tous les ingrédients de Dracula, Frankenstein, DrJekyll et les morts-vivants...

L'invasion des profanateurs de sépultures de Don Siegel (1956) et **L'invasion des profanateurs** de Philip Kaufman (1978) ainsi que **Body Snatchers** d'Abel Ferrara (1993). Ces trois films sont tirés du roman *Body Snatchers* de Jack Finney (1954), qui avait été accusé d'anticommunisme, car on faisait le rapprochement entre les extraterrestres qui envahissent l'esprit et le corps des humains avec l'idéologie communiste... Il est possible que le scénariste américain du film de Mario Bava se soit inspiré de ce roman de Finney...
Le supplément avec Alain Petit qui nous régale comme toujours avec son érudition sur le cinéma Bis populaire...

La Planète des vampires de Mario Bava (1965). Mario Bava réalise ce film avec son fils Lamberto en utilisant les décors de *Hercule* *contre les vampires* (1961). Avec un budget de misère Mario Bava réalise une œuvre qui est à la source d'autres grands films de science-fiction comme *Alien* (1979) de Ridley Scott et *The Thing* (1982) de John Carpenter, lui-même, remake de *La Chose d'un autre monde* (1951) de Christian Nyby.

Autre titre traduit directement de l'italien : Terreur dans l'espace.

Ce film est un grand classique. On en a beaucoup parlé en disant que c'est lui qui avait inspiré le scénariste O'Bannon pour le film Alien, le 8e passager...

Il a évidemment son côté ringard, daté, mais c'est vraiment accessoire : un poste de pilotage extrêmement spacieux, des cosmonautes dans des combinaisons très inconfortables avec de gros gants.

Un signal de détresse provenant d'une planète isolée parvient au vaisseau spatial qui effectue un atterrissage forcé sur un monde étrange. Plusieurs membres d'équipage semblent passagèrement possédés, agressifs, puis ne se souviennent de rien...

Ils sont victimes d'un vampirisme psychique. Leurs corps sont « habités », psychiquement, mais aussi physiquement, même après leur mort !

Ils trouvent un très ancien vaisseau extraterrestre échoué là depuis des siècles.

Les extraterrestres de la planète ne peuvent survivre que grâce aux corps des humains.

Bava réalise un exploit, comme toujours, en obtenant des effets spéciaux superbes avec quasiment aucun moyen ! Il utilise les reflets dans les miroirs, les cadrages étroits avec un objet, les peintures sur vitre et... la polenta ! Un très grand ce Mario Bava !

Évidemment, on reconnaît là le scénario du film *Alien*.

Mais pas seulement, on reconnaît aussi le thème du roman et des films *Body Snatchers*.

Frissons de David Cronenberg (1974), *« Le but véritable était de montrer l'immontrable, de dire l'indicible. Je ne pouvais pas proposer ces parasites hors-champ parce que personne n'aurait su ce qui se passait. »* David Cronenberg interviewé par William Beard, Piers Handling et Pierre Véronneau. Ce film raconte le développement et la transmission de parasites qui transforment leurs hôtes en furieux maniaques sexuels. Les parasites croissent dans le ventre de leur victime et s'échangent par le bouche-à-bouche... Avec la merveilleuse Barbara Steele, actrice fétiche de Mario Bava.

Alien de Ridley Scott (1979), ce monstre est devenu une célébrité. Un cargo spatial sur le retour vers sa base reçoit un signal d'alarme provenant d'une petite planète. Une expédition y est envoyée. On y trouve l'épave d'un vaisseau extraterrestre. Dans la soute des œufs attendent, tel le fourmi-lion, qu'un être passe à proximité. Un des cosmonautes sera attaqué par une larve sortie de l'œuf. Cette larve a introduit un rostre dans son estomac et y a pondu un œuf. Le biologiste du bord qui a fait ostensiblement l'erreur de laisser entrer un passager contaminé soigne le malade. Celui-ci reprend vie, mais un petit monstre sort de son corps lui infligeant une atroce et mortelle blessure. Désormais, c'est une guerre sans merci entre ce monstre et l'équipage qui sera décimé. Seule Ripley, la jeune femme magistralement interprétée par Sigourney Weaver saura terrasser le monstre. Ce film a plusieurs importances : il rompt avec la science-fiction héritière de *2001*, tout axée sur le développement technologique et ses répercussions, et renoue avec le style de l'écrivain Lovecraft qui a su, justement, allier la science et les techniques à de profondes et archaïques pulsions de la vie. Ainsi, le monstre d'Alien est-il proprement lovecraftien, et son créateur, Carlo Rambaldi, semble bien s'être inspiré des monstres de l'écrivain américain. Enfin, l'action prend toute son importance et sert à montrer du doigt les horreurs que l'on ne voit pas, mais que l'on nous fait deviner hors-champ, comme cette scène de recherche du chat dans les soutes du vaisseau spatial. Le scénario développe une argumentation serrée : si ce monstre a été introduit dans notre univers, c'est de la faute aux dirigeants de la compagnie et de la société des hommes qui ont organisé cette introduction par l'intermédiaire du biologiste médecin qui n'est qu'un robot à leurs ordres. Quatre suites à ce jour : *Aliens, le retour* de James Cameron (1986), *Alien 3* de David Fincher (1992), , *Alien la résurrection* (1997) de Jean-Pierre Jeunet et

Alien contre Predator de Paul Anderson (2004). Jusqu'à *Alien 4*, les films sont interprétés par Sigourney Weaver. Puis il y a eu *Prometheus* (2012) et *Alien : Covenant (2016)*, les deux de Ridley Scott (voir plus loin)

The Thing de John Carpenter (1982), remarquable remake plein d'action, d'horreur et de suspense de *La Chose d'un autre monde* (1951). L'idée du chien qui transporte la Chose dans son corps a été reprise dans *Alien 3* et *Hidden*. Carpenter, très influencé par Lovecraft, reprend le thème de l'horreur interne qui débouche sur la transformation physique. D'ailleurs le roman de Campbel dont est tiré ce film doit vraisemblablement son inspiration au petit roman de Lovecraft : *Les Montagnes hallucinées* dans lequel des archéologues découvrent sur le continent antarctique les corps gelés d'Anciens qui reviennent à la vie après avoir été décongelés....

Hidden de Jack Sholder (1987), un extraterrestre genre langouste s'introduit dans le corps des humains en entrant par la bouche et en prend le contrôle. Ces humains deviennent de froids meurtriers. Une des nombreuses variations du thème des *Marionnettes humaines* de l'écrivain Robert A. Heinlein. Il y a une suite : *Hidden 2* de Seth Pinsker (1995).

Body Snatchers d'Abel Ferrara (1993). Superbe adaptation du roman homonyme de

Jack Finney (1954) par un réalisateur hors norme. Il est curieux que les précédentes adaptations de ce roman ont eu pour titre en français : *L'invasion des profanateurs de sépulture* (!) (1956 de Don Siegel) et *L'invasion des profanateurs* (1978 de Philip Kauffman)...

Les Maîtres du monde de Stuart Orme (1994), des extraterrestres montent sur le dos des gens, pénètrent leur cerveau pour en faire des *Marionnettes humaines* (Titre du roman de R. A. Heinlein dont est tiré le film). Coktail de reprises d'autres films : l'œuf d'*Alien*, l'acteur (Donald Sutherland) et les zombies de *L'invasion des profanateurs de sépulture,* etc.

Stargate, la porte des étoiles de Roland Emmerich (1994), de la science-fiction, de l'Égypte ancienne et le monde sera sauvé grâce à... l'armée américaine et sa bombe atomique. Très bon cinéma réalisé par un formidable artisan. Ce qui est novateur dans ce film c'est l'alliance entre la fascinante mythologie égyptienne et la science fiction : cette mythologie n'est pas une invention des hommes, elle est réelle, elle a été inventée par un extraterrestre tout puissant qui vit dans un autre univers et qui, grâce à la « *porte des étoiles* », enlève des êtres humains pour le servir. Un commando de Marines parviendra à l'éliminer. Roland Emmerich a-t-il redonné ses lettres de noblesse au cinéma de science-fiction avec ce film ? Le début du film commence comme tant d'autres par des fouilles archéologiques en Égypte. « *Qui a bâti les pyramides ?* » Pas ceux que l'on croit... Il y a aussi le jeune savant de tant de films de SF, celui qui finit par avoir raison, tel le docteur Quatermass. C'est effectivement de la vraie science-fiction, avec une théorie scientifique qui sous-tend l'histoire, de vrais appareils technologiques. Il y a aussi une autre planète, des animaux bizarres (un peu copiés sur *Starwars*), un peuple à la langue bizarre et des extraterrestres. C'est une réflexion politique sur le pouvoir. Le film se termine par ces paroles : « Nous ne vivrons plus en esclaves ! » Finalement, c'est un bon film ! On a du mal à y reconnaître Kurt Russel, l'acteur fétiche de John Carpenter, sans son bandeau à l'œil et sans ses cheveux longs....

Alien la résurrection de Jean-Pierre Jeunet (1997), dans une station spatiale, un médecin fait renaître Ripley et son monstre grâce aux manipulations génétiques (encore !). Contrairement à ce que dit J.P. Jeunet dans ses nombreuses interviews, je trouve que l'influence d'Hollywood est manifeste. Une fois de plus la Terre est menacée par les monstres. L'ambiguïté de la nature de Ripley (monstre ou être humain ?) n'est pas très bien rendue : il est dommage que la dernière scène qui suggère un accouplement avec le monstre ait été édulcorée, ne signifiant pratiquement plus rien ... Quant aux yeux du nouveau-né, il faut avoir lu un article sur le film pour voir que ce sont ceux de Ripley... Il y a quand même un peu de Jeunet dans ce film grâce aux acteurs et au directeur de la photo. Humour noir : le soldat attaqué par-derrière par un monstre sourit niaisement et ramène de derrière sa tête avec ses doigts un morceau de sa cervelle. Le pirate de l'espace descend un alien et sursaute devant une petite araignée... « *Tu es programmée pour être une conne ?* » Questionne Ripley en s'adressant à Call la jolie robot. C'est dans ce film que l'alien est le plus lovecraftien, dès les images du générique qui montrent en gros plan les parties des corps des sept autres mutants ratés avant Ripley. Un scénario faible, beaucoup d'action et la bête a perdu tout son mystère, car on en voit les moindres détails...

The Faculty de Robert Rodriguez (1998). Robert Rodriguez m'avait franchement plus dans *Une Nuit en enfer* (1995). Là aussi il me plaît en tant que cinéaste non complexé de ne pas faire de chef-d'œuvre. Ce qui me déplaît franchement c'est le scénario. Là, je trouve que Kevin Williamson se fiche du spectateur. Il a tellement honte, qu'il fait dire à une "spécialiste" de science-fiction (une étudiante qui en lit) que ce qui se passe c'est comme dans *Body Snatchers*, ou, si vous préférez, *L'invasion des profanateurs de sépulture*. Mais là il ne montre pas vraiment sa culture dans ce domaine quand il fait dire à ce même personnage que Jack Finney, l'auteur du livre *Body Snatchers* a copié sur *Les Maîtres du monde* de Robert Heinlein. D'abord, ce dernier titre est le titre du film adapté, le titre français du livre est *Marionnettes humaines*. D'autre part, il ne sait même pas que Jack Finney a plutôt copié Philip K. Dick avec sa nouvelle *Le Père truqué*. Tout est pompé et pillé. Je ne vous ferais pas la liste des pillages cinématographiques, mais cela va jusqu'à la plus célèbre scène de *Blue Velvet* de David Lynch. Le procédé de *Scream*, qui consiste à bourrer le film de références ne fonctionne pas ici, car la culture de Kevin est ici nulle !

Virus de John Bruno (1998). Les cyborgs sont de retour ! Un merveilleux film d'horreur de science-fiction. Le must du fantastique. Un film où on ne s'ennuie pas une minute, à base de problèmes scientifiques, dans un lieu clôt, ici, un bateau abandonné... Avec le grand Donald Sutherland qui n'a jamais craint de jouer les méchants. Un spectacle bien filmé, bien monté, avec d'excellents effets spéciaux, d'excellents acteurs. Les images de tempête dans l'océan sont magnifiques et parfois plus terrifiantes que les monstres. Ces derniers sont également magnifiques dans leur horreur. L'équipe traditionnelle d'aventuriers est au complet : le trouillard, celui qui ne croit pas aux petits hommes verts, le traître, celui qui devient fou... Cette équipe à la recherche d'un trésor dans un milieu ultra hostile (le navire abandonné) me fait songer au magnifique western *Le Jardin du diable* (1954) d'Henry Hathaway. Là le milieu hostile était la montagne et le danger les Indiens... Tout le monde sait qu'aujourd'hui, ce sont les extra-terrestres qui ont remplacé les Indiens dans le cinéma moderne américain. La station spatiale Mir est investie par une entité extraterrestre énergétique et transmet son signal au navire russe qui est un relais spatial sur l'océan. Quelques citations : « *On est des pièces pour lui.* » – « *La chose venue de Mir a besoin de courant...* » Les deux composantes de la terreur prométhéenne des écologistes sont la source de l'horreur présente sur le navire : l'énergie électrique et l'informatique... Ainsi, l'atelier de montage des cyborgs est proprement stupéfiant, car il renvoie, dans l'esprit du spectateur aux lignes de montage robotisées de l'industrie automobile... Le film finit par un cauchemar, mais les dernières paroles sont : « *On s'en est sorti !* »

Dreamcatcher (L'attrape rêves) de Lawrence Kasdan (2002)
C'est un film adapté du roman de Stephen King (voir ma critique ci-dessous).
Si certains l'ont qualifié de "nul" c'est injuste. Ce n'est pas un chef-d'œuvre, mais le film tente de reprendre toute la complexité du livre de Stephen King.
Les scénaristes ont choisi de conserver toute la complexité des quatre personnages impliqués dans une guerre contre des extraterrestres envahisseurs, mais de simplifier la deuxième partie, celle qui raconte ce combat.
D'où un malaise dans la vision de ce film. Mais il n'est pas nul du tout, loin de là... Il ne

cherche pas à être honoré par la palme d'or, mais à raconter une bonne histoire comme les bons vieux films de série B que Steve King aime tant...

Le livre :

C'est un roman de Stephen King, donc un pavé. Mais on ne s'en lasse pas. Ce type est sadique : il écrit tellement bien que même quand on s'ennuie dans les longs passages on s'y tient, car une fois entré dans l'histoire on y est entraîné jusqu'au bout...

Les quatre personnages sont en quelque sorte un peu chacun du Stephen King. Le plus kingien me semble être Henry le psychiatre suicidaire. Mais on peut aussi opter pour Jonesy avec sa possession par l'extraterrestre, comme King est possédé par la fiction...

Il y a de toutes les œuvres de King dans ce roman : ça – Shinning – Dead zone – la tempête du siècle, Tomnyknockers, etc...

Il faut dire que ce roman a été écrit juste après le très grave accident de voiture de Stephen King (il a été renversé par un 4x4 alors qu'il se promenait à pied.), juste après avoir frôlé la mort, comme Jonesy dans le livre qui, lui, a connu la mort après un même accident, mais il en est revenu...

Ce que j'aime aussi dans ce livre ce sont toutes les références cinématographiques... Notamment le film *Apocalypse Now.* Les terribles soldats du livre ont pour chef un officier du nom de Kurtz (comme dans le film ou le livre *Au cœur des ténèbres* de Conrad dont il est tiré). Les hélicoptères attaquent à la musique de *Sympathy for the Devil* des Rolling Stones (au lieu de Wagner dans Apocalypse Now...) D'ailleurs, Stephen King fait se poser la question à un de ses personnages, savoir si Kurtz est le vrai nom de cet officier violent et impitoyable, ou s'il l'a emprunté au film... King rappelle aussi les paroles du Kurtz d'Apocalypse Now (interprété par Marlo Brando) : « L'horreur, l'horreur... »

Ce livre est très attachant.

On en a tiré un film que beaucoup ont trouvé "nul", à tort, car bien que ce ne soit pas un chef-d'œuvre il tente de reprendre tous les thèmes du vaste livre de King... Le DVD comporte une très intéressante interview de Stephen King.

MorphMan de Tim Cox (2004)

Deux jeunes ados parient qu'ils vont faire tomber un bœuf en échange d'un striptease de leurs deux copines. Mais le bovin semble « habité » par de mystérieux bruits écœurants. Il en sort une bestiole dégoûtante.

Puis on nous montre un jeune vétérinaire qui s'installe. Il rend visite à un éleveur dont les bêtes sont malades. La plupart des fermiers élèvent leurs bêtes avec de la nourriture fournie par l'entreprise qui leur achète les animaux. Eli Rudkus, le véto fait un prélèvement d'excrément de la vache et constate la présence de parasites. Alors qu'il est retourné chez lui, il étudie les bestioles en question, casse un verre et se coupe légèrement. Une goutte de sang tombe sur la table... Une des bestioles s'approche en se tortillant et absorbe la goutte se sang.

Il appelle le service hygiène et leur dit : « Ça ressemble à une douve du foie sans se comporter pareil. J'avais jamais rien vu de semblable. »

On avait vu une vieille dame avec son chien. On la revoit appelant son chien pour le nourrir. Mais il ne vient pas... Il est mort, dévoré de l'intérieur. Soudain, un froissement d'ailes et un animal volant attaque la dame. C'est la nuit.

Il y a un gigantesque barbecue et le réalisateur insiste avec de gros plans de gens qui mangent de la viande. Et filme une bestiole qui se balade sur les steaks hachés.

Un nouveau personnage apparaît : l'avocate de l'entreprise qui fournit la nourriture pour les vaches. Une belle blonde arrogante. Mais ce personnage est juste présent pour le décor.

Autre scène : un type tombe à l'eau et se noie. Au bord de l'eau, il y a un cadavre d'animal duquel sortent des bestioles. Eli l'a vu et craint que la personne qui a failli se noyer soit infectée.

À l'hôpital un homme infecté se présente. Le film montre comment ça se passe à l'intérieur du corps du malade.

Eli, le véto, prend conscience que les parasites proviennent de la nourriture fournie par l'entreprise. Le service vétérinaire 'appelle Eli pour lui dire que l'échantillon de la bestiole qu'il a envoyé était inconnu : cette espèce n'est pas référencée !

Eli organise une réunion d'éleveurs pour leur demander de mettre leurs animaux en quarantaine. Et de ne plus utiliser la nourriture fournie par l'entreprise. Évidemment cela n'est pas accepté par les éleveurs. Le vétérinaire a trouvé un allié en la personne d'un éleveur qui l'appelle pour qu'il consulte une bête malade. Il la trouve éventrée avec un monstre qui lui sort du ventre... Ce « machin » a de grandes ailes de chauve-souris, c'est un vertébré qui dévore tout le monde.

À l'hôpital c'est un malade qui subit le même sort : un monstre lui sort du ventre ! De nombreux cas se multiplient.

Le patron de l'entreprise HTM qui fournit la nourriture aux animaux met Eli en accusation et demande au shérif de l'arrêter.

Le trio véto, éleveur et l'avocate qui a fini par prendre parti pour les éleveurs s'organise dans la guerre aux MorphMen... Il y a beaucoup de victimes, la terreur se répand. Le petit garçon du patron est dévoré par un monstre et le patron voit les choses autrement. Mais trop tard. Un policier « accouche » d'un monstre au poste de police et le shérif prend conscience du problème. Il rejoint le trio.

Les quatre mousquetaires auront raison de l'épidémie de monstres...

Making Of

Histoire inspirée de la maladie de la vache folle.

La mutation génétique mute les parasites de la vache, mais pas la vache.

C'est un hommage aux films des années 70. Quelques vues du story-board. Utilisation des effets spéciaux numériques.

Tim Cox : « C'est un hommage et pas une parodie. (...) Il ne faut pas être trop sérieux, mais rester sincère... »

Alien Vs Predator de Paul Anderson (2004), superbe! On ne s'ennuie pas une minute. Des décors fantastiques, des acteurs à la hauteur servent un scénario très habile qui mêle de la nouveauté et un respect de la "tradition" des deux créatures allant jusqu'à reprendre quelques idées des opus précédents. Un petit hommage au début au "Frankenstein" de James Wahle dont on voit une scène sur l'écran de la télé que regarde un technicien dans une scène du début. Et puis la première scène est stupéfiante (tant pis pour les spectateurs qui discutent au début sans regarde le film), car elle montre un certain angle de vue d'un objet dans l'espace qui représente la reine des aliens et quand l'objet passe devant la caméra il ne s'agit que d'un satellite. Cette illusion due à la magie du cinéma a toute son importance pour la suite... Le film est trop court...

Horribilis (Slither) de James Gunn (2005)
Un petit film très agréable pour les amateurs d'horreur. On ne s'ennuie pas même si le film consiste à accumuler les références aux films de zombies et à toute une série de films avec des bestioles dégueulasses comme les limaces

tueuses ou autres - y compris au film de David Cronenberg *Frissons* (1975) -, et, il faut le dire, avec une certaine audace humoristique, mais d'un humour noir et sanglant.

Le réalisateur rend même hommage à son ancienne boîte, « Troma », la légendaire société de production de films Z tellement nuls qu'ils en deviennent des chefs-d'œuvre. Dans *Horribilis* on voit donc à la télé un extrait de *Toxic Avenger*...James Gunn a aussi fait ses lettres de noblesse en écrivant le fameux *Armée des morts*... Il sait donc de quoi il parle...

Et surtout, restez bien jusqu'à la fin du générique où une surprise vous attend !

La Malédiction des profondeurs (*Beneath Still Waters*) de Brian Yuzna (2005)
Lovecraft n'est pas accrédité au générique, mais la jaquette du DVD y fait référence. En effet, on peut reconnaître dans ce film quelques influences lovecraftiennes. Il est inspiré, nous dit-on au générique, d'un roman de Matthew J. Costello *La Chose des profondeurs* (1991) que j'ai lu chez Pocket dans la collection Terreur. Là également l'inspiration est assez lointaine puisque dans le livre il s'agit de vers vivant dans l'océan en grande profondeur à proximité d'éruptions volcaniques et qui sont, hélas, remontés à la surface. Ce sont des parasites qui dévorent les êtres humains de l'intérieur ou alors manipulent leur cadavre pour créer l'illusion de la vie. Il est vrai que le roman lui-même est très lovecraftien.

Mais revenons au film. Là on n'est pas dans la mer, mais dans un petit village où un homme maléfique fait venir le Mal des mondes extérieurs. Pour le neutraliser, le maire du village fait construire un barrage pour le noyer définitivement. On peut reconnaître la fin de la nouvelle de Lovecraft *La Couleur tombée du ciel*.

Mais le Mal remontera des profondeurs.

La jeune fille, au début sur la plage, lit un livre de C.G. Jung *Rêves et mystères*. Du moins tel est le titre donné dans le film...

Il y a aussi de très gros clins d'œil au film de Spielberg *Les Dents de la mer* (1975) puisque le maire du village veut absolument fêter les 40 ans du barrage et tente par tous les moyens de camoufler les atrocités commises par ceux des profondeurs...

Cette *Malédiction des profondeurs* ne casse pas quatre pattes à un canard.

Isolation de Billy O'Brien (2006)

« Dans la campagne on ne vous entend pas crier. »

Ce film SF d'horreur a obtenu le grand prix du festival Fantastic'arts de Gérardmer en 2006. Et il le mérite bien.

Figure-vous que Billy O'Brien réussit à vous faire peur dans une ferme irlandaise pleine de vaches... Il faut le faire ! Une mutation due à des manipulations génétiques engendrant un monstre.

Les références à *Alien le 8e passager* sont nombreuses et sérieuses. La ferme, lieu clos, mais complexe est claustrophobique et le monstre circule dans les canalisations à purin. Mais ne riez pas et achetez le DVD ou regardez-le quand il passe à la télé : c'est un vrai chef-d'œuvre...

C'est filmé avec grand art, de manière efficace, chaque plan est surprenant et la gestion du silence et de l'attente est formidable pour créer la peur... Ce genre de film est très difficile à faire. En général, pour contourner la difficulté, le réalisateur utilise le comique et le grand guignol, ce qui est assez facile. Mais ici, Billy O'Brien n'a pas choisi la facilité et il a parfaitement réussi.

Invasion d'Oliver Hirschbiegel (2007)
Ce film est une nouvelle adaptation du livre "Body Snatchers" de Jack Finney (1954). Trois films ont adapté ce roman :
L'invasion des Profanateurs de sépulture de Don Siegel (1956)
L'invasion des profanateurs de Philip Kaufman (1978)
Body Snatchers d'Abel Ferrara (1993)

Aliens Vs Predator : Requiem de Colin Strause, Greg Strause (2007)
On se souvient qu'à la fin du film *Aliens vs Predator*, un Predator était reparti mort dans son vaisseau, mais infecté par un Alien.
Ce film commence à ce moment-là : l'Alien naît, c'est un hybride Alien/Predator, donc redoutable. Il tue les passagers du vaisseau qui retombe sur Terre. Dans le vaisseau il y avait des larves d'Alien. Elles sortent et commen-

cent à infecter un chasseur et son fils... Un Predator a été prévenu du drame et se rend sur Terre à la chasse à l'Alien.

Que le massacre commence !

On peut essayer de s'intéresser aux amourettes, bagarres entre jeunes et autres scènes de la vie quotidienne de cette petite ville, mais ce sont les monstres qu'on veut. Bien que la jolie blonde n'est pas désagréable à regarder.

Dans ce film ils n'ont même pas pitié des enfants.

Il fait toujours très sombre et on a du mal à distinguer les monstres.

Quand le jour se lève, on espère y voir un peu plus clair... Mais non... ça se passe dans les égouts. Et quand les monstres sortent des égouts, il fait de nouveau nuit. Pire, Predator bousille la centrale électrique.

Une petite fille a vu un Alien avec les jumelles infra rouge de sa mère (elle est militaire). Elle crie qu'il y a un monstre derrière la fenêtre. « Regarde ! Y a pas de monstre » lui répond son père avant de se faire dévorer par l'Alien.

Et voilà la cavalerie : la Garde Nationale. Mais vous connaissez les Aliens... Qui peut leur résister ? Dans le noir sous la pluie. C'est bizarre comme les gens se laissent tuer : paralysés par la terreur ?

En attendant, les Aliens pénètrent dans la maternité pleine de petites chairs fraîches. Il y a même une femme qui accouche. Lucio Fulci doit se retourner dans sa tombe et surtout D'Amato avec son film *Anthropophagus*. Un peu débordé le Predator.

Les survivants se réfugient dans un blindé de la Garde Nationale (dont les membres sont tous morts, bien sûr). Ça me rappelle quelque chose, mais quoi ?

Et quand une fille dit dans le film : « Un gouvernement ne peut pas mentir ! » tout le monde rit dans la salle... Sont pas bien stressés par le film les spectateurs...

Vous voulez savoir comment ça va finir ?

Allez voir le film.

Si ça vous dit encore... Si vous n'avez pas peur du noir...

Cloverfield de Matt Reeves (2008)

Un monstre gigantesque sème la terreur à New York aidé par les parasites de son corps qui se répandent partout. Le réalisateur croit avoir fait une grande découverte en filmant comme l'aurait fait un amateur avec une petite caméra vidéo. Il appelle cela « filmer selon le point de vue d'un habitant de New York ». On appelle cela aussi "caméra subjective", et cela a été fait des milliers de fois au cinéma. Sauf qu'ici je ne sais pas si on a vraiment envie de payer pour regarder un film amateur... Au début on a du mal à prendre le film au sérieux. Comme c'est un film d'amateur on prend ça à la rigolade et on met longtemps avant d'être effrayé. Dommage.

Ce qu'on voit est un « document de l'armée US », une « caméra trouvée sur ce que fut Central Park ».

Rob a un dépit amoureux pendant la fête organisée à l'occasion de son départ. À ce moment, il y a "quelque chose" qui commence à détruire Manhattan. Mais nous, pauvres spectateurs, on n'a pas le droit de voir quoi que ce soit parce que le con qui filme ne filme pas ce "quelque chose" ! Heureusement qu'il y a la télé qui, elle, nous montre un peu quelque chose.

Le caméraman amateur filme les pieds des soldats au lieu de filmer le monstre : en quoi ça peut nous intéresser ? Et les autres de dire : « c'est quoi ce truc ? »

Après il y a une longue scène dans le métro alors que ça se passe en surface.

C'est pas mal l'idée d'entrecouper les scènes d'action avec les images de Beth (le dépit amoureux de Rob...) dans un cadre tranquille du métro en temps de paix, images enregistrées il y a quelque temps puisque ce qu'on voit, ce sont des images filmées par la caméra de Rob (tenue par un ami) sur une cassette contenant des souvenirs de Rob et Beth.

Dans le tunnel du métro, ils subissent une attaque par des créatures issues du monstre pleines de dents et de pattes.

On reste sur sa faim, car on voudrait en savoir plus. Car ce n'est pas le monstre la vedette de ce film, mais la caméra numérique amateur !

The Thing de Matthijs Van Heijningen Jr. (2011)

On se souvient que dans *The Thing* de John Carpenter, le film commence par l'arrivée d'un chien poursuivi par un homme en hélicoptère qui vient d'une station polaire norvégienne. Le chien était porteur de la « chose ». Excellent film, et vrai remake de *La Chose d'un autre monde* (1951), car les scientifiques de la station polaire découvrent l'extraterrestre congelé, alors que le film de Carpenter commence après, quand les résidents de la station polaire norvégienne ont déjà été complètement exterminés.

Ce film de Van Heijningen Jr. raconte donc ce qui s'est passé dans cette station polaire norvégienne. Il se veut donc une préquelle du film de Carpenter, mais c'en est quasiment un remake puisque le récit est le même. Tous les êtres humains de la station sont vampirisés par la « chose » jusqu'au chien...

À quand la suite du film de Carpenter qui finit pas une ambiguïté : le spectateur se demande si l'un des survivants n'est pas contaminé par « la chose » ?

Prometheus de Ridley Scott (2012)

« Je ne sais rien, mais c'est ce que je choisis de croire. »

C'est ce que le père de la petite fille lui a répondu quand elle lui a demandé comment il savait ce qu'il y avait après la mort. Et c'est aussi ce qu'elle a répondu quand on lui a posé la question si elle savait qu'elle foutait en l'air trois siècles de darwinisme.

On voit un extrait du film « Lawrence d'Arabie ».

Donc, des archéologues font le lien entre différentes peintures rupestres qui représentent un géant montrant du doigt une partie du ciel.

C'est une « invitation » disent-ils. Une expédition est donc financée par un richissime armateur...

Ils y vont.

Le film est bien construit, il ne s'attarde pas sur les personnages pour mieux se concentrer sur son thème : l'approche scientifique de la vie et de la mort. Et aussi, la punition qui attend ceux qui font cette recherche sans précaution. C'est le thème de l'infection que laisse introduire le robot dans *Alien, le 8e passager*, et que l'on retrouve ici dans le film. Mais ici, cette introduction se fera par plusieurs méthodes, toujours mises en œuvre par un androïde aux ordres de son créateur. Ce qui vaudra au spectateur une terrible scène d'autoavortement. Ainsi, si la plus forte personnalité de l'équipage du vaisseau reste intraitable face à une tentative visible d'infestation, ce ne sera pas le cas d'une autre tentative, plus pernicieuse. Et à chaque fois c'est le contact avec l'autre, voire même l'amour qu'on lui porte, qui deviendra mortel.

Ce film est très freudien, un personnage n'affirme-t-il pas : « Chacun souhaite la mort de ses parents », et reste très lovecraftien, comme tous les films de la série, avec notamment le monstre de la fin qui n'est pas sans faire penser au grand Chtulhu.

La *Création* est impitoyable !

On découvrira à la fin qui était l'extraterrestre, « *cette créature géante fossilisée au thorax ouvert* » appelée le Space Jokey, qu'on voit dans le film *Alien, le 8e passager*.

C'est un excellent film.

Les Âmes vagabondes d'Andrew Nicoll (2013)

Une fille s'enfuit, elle est poursuivie, elle réussit à s'échapper, car il y a juste une piscine en bas de l'immeuble quand elle se jette dans le vide. Quelle chance !

La Traqueuse traque la fille qui résiste à l'invasion de son corps et son esprit par Wonderer qui y a été implanté. Une invasion extraterrestre.

L'histoire d'amour est sirupeuse, mais ça plaît et Niccol le sait...

« Elles ont » un accident de voiture, mais, bien sûr, s'en sortent indemne(s).

Les humains les trouvent, mais, allez savoir pourquoi, ils ne les tuent pas... On comprend pourquoi : le film serait alors fini...

« Pourquoi avoir utilisé un tel corps. Maintenant c'est une menace ! » S'exclame un poursuivant. Bien vu ! Oui, pourquoi ?

Les extraterrestres sont ultra modernes, mais ils ne savent pas faire des hélicoptères silencieux. Faut bien servir le scénario... En plus le pilote de l'hélicoptère n'a pas vu les camions !

Et en plus ils sont bêtes : ils laissent le pilote du camion se suicider sans rien faire...

Que d'incohérences !

La solution ? l'Amour !

Allez ! La fin est très émouvante. Cucul, mais très émouvante.

Ce film est une adaptation d'un roman de Stephenie Meyer (*Twilight*) qui en est aussi le

---

producteur… Ah ! Les incohérences ne m'étonnent plus…

Alien : Covenant de Ridley Scott (2016)
Un vaisseau transporte une « cargaison » de colons en route vers une planète à coloniser. Il rencontre un « vent solaire » qui endommage ses « voiles de recharge ». L'équipage est réveillé par le robot qui conduit le vaisseau. Pendant la réparation, un message provient d'une planète proche qui semble habitable. Doivent-ils y aller pour éviter de retourner en sommeil artificiel ?
Ils arrivent donc sur une planète inconnue sans prendre la moindre précaution sanitaire ! Même pas un masque à poussière…
L'infection par les spores produit un alien dans le corps à une vitesse record.
Ils retrouvent des traces du Prometheus… Puis ils rencontrent David, le rescapé du Prometheus.
Une fois de plus, c'est le « synthétique » qui est à l'origine de tout. Et à la fin, ce sont les méchants qui gagnent. Le scénariste devait faire une dépression…

Requins et autres... « poissons »

On a vu aussi une scientifique féminine dans *Peur bleue* (1999) où elle transforme un requin dans le but de chercher des solutions médicales.

Films avec requins et autres « poissons »

20 000 Lieues sous les mers de Richard Fleischer (1954), quand Jules Verne avait inventé le sous-marin. Le calmar géant n'est pas trop mal rendu. Autres versions : celle de George Méliès en 1907 et celle de Stuart Paton en 1916. Il paraît que Christophe Gans en préparait une autre version en 1997. On retrouve un hommage répété à cette œuvre de Jules Verne dans le film *Sphere* de Barry Levinson (1997).

Attack of the crab monsters de Roger Corman (1956) Des crabes géants produits par la radioactivité attaquent des scientifiques après un essai nucléaire.

Les Dents de la mer de Steven Spielberg (1975), un énorme requin sème la panique sur la plage. Scènes fantastiques dans le petit bateau du chasseur de requins au cours de la nuit : on a peur du lendemain... Suites : *Les Dents de la mer 2* de Jeannot Szwarc 1978 – *3* de Joe Alves 1983 – *4 : La Revanche* de Joseph Sargent 1987.

Tentacules de Oliver Hellman (1977)
Producteur : Ovidio G. Assonitès... Avec Henry Fonda !
Il existe un Tentacules de Yassi Wain (2001)
Des êtres humains, dont un bébé, sont retrouvés dans l'océan atrocement mutilés. (Je sais on utilise souvent ces mots dans les chroniques de ce genre de films, mais comment faire autrement ?)
Un flic et un journaliste enquêtent et se posent des questions sur d'importants travaux menés par une multinationale au fond de la mer.
Deux plongeurs vont inspecter les profondeurs et ne reviennent pas vivants ;
Ce film ne respecte aucune règle habituelle : le journaliste est un vieillard barbu, le flic un gros balourd.
Il y a beaucoup de vues sous-marines, de gros plans sur un poulpe qui évitent de mettre en œuvre de coûteux effets spéciaux.
La mer a des dents, mais aussi des tentacules.

L'enfer des zombies de Lucio Fulci (1979).
Sorti la même année que le *Zombie* de George Romero, ce film avec son titre original de *Zombi 2* veut se présenter comme sa suite...
D'ailleurs, Fulci – le maître italien de l'horreur – réalisera *Zombi III* ... Le prologue du film

est le même que celui de *Zombie* : quelqu'un tire une balle dans la tête d'un cadavre ficelé dans son drap mortuaire et qui semble reprendre vie. Puis, on voit plusieurs plans qui rappellent ceux du *Nosferatu* de Murnau : un voilier sans équipage s'approche d'un port. Ici, c'est New York. D'ailleurs, le scénario ressemble à celui de *Nosferatu* : avec ce voilier arrive une terrible épidémie... Le plaisir de la chair est poussé à son comble par la consommation des êtres vivants par les morts. Le monstre (qu'on ne voit pas, mais le cinéaste nous fait entrevoir au loin des silhouettes titubantes...) est derrière la porte. Et il y a même un mort-vivant sous-marin qui tente de manger un requin vivant ! Une scène unique dans les films de ce genre... La dernière scène (les morts-vivants sur le pont de Brooklyn) annonce le film de Romero, et surtout, le dernier de la trilogie du réalisateur américain : *Le Jour des morts-vivants* (1985 – voir ci-dessous) et surtout *Zombi 3* de Fulci. *L'Enfer des zombies* passé à la télé a été amputé de quelques scènes certainement jugées trop gores (si mes souvenirs sont bons...) Les maquillages sont loin de valoir ceux de Tom Savini... mais le film est excellent ! Contrairement aux films de Romero qui suscitent une réflexion métaphysique sur l'avenir de l'espèce humaine, ceux de Fulci traitent notre chère humanité en dérision avec le style du Grand-Guignol...

Un Cri dans l'océan de Stephen Sommers (1997). *« Qu'est-ce qu'il y a encore ? »* Telles sont les dernières paroles du film alors que le spectateur croit les héros tirés d'affaire sur une île et que l'on entend des grognements terrifiants. La caméra qui s'élève dans le ciel montre un volcan en éruption et des arbres démolis par une énorme créature que l'on ne voit pas, mais dont on aperçoit les effets. Ils ne sont pas sortis de l'auberge comme dirait l'autre. Le cinéaste est bon, les effets spéciaux excellents. Que demander de plus pour un tel film d'horreur ? Les premières sombres images des profondeurs avec leurs épaves sont saisissantes. Ici, la mer n'est pas accueillante : elle est noire, il pleut tout le temps et la vedette qui transporte les héros vers leurs destins est toute rouillée... Quant au paquebot « L'argonautica », les passagers devaient pouvoir y réaliser tous leurs rêves, mais il découvriront l'horreur des profondeurs. Le scénario ressemble beaucoup à celui d' Alien la résurrection (1997) de Jean-Pierre Jeunet, avec un peu de Titanic (1997) de James Cameron, mais c'est dû à "l'air du temps des scénaristes" car Sommers ne peut pas avoir vu ces films avant de réaliser le sien ! Par contre on se demande si Stephen Sommers a lu Lovecraft. Car son monstre semble directement inspiré des œuvres de cet écrivain qui a beaucoup écrit sur la terreur provenant des profondeurs maritimes, car, selon lui, dans ces abîmes, dorment des monstres. Le monstre de Un Cri dans l'océan semble tout droit sorti des descriptions du grand Cthulu de Lovecraft...

Peur Bleue de Renny Harlin (1999)

Ce film n'est pas un film de série B encore moins de série Z. C'est un film réalisé avec de gros moyens, des effets spéciaux inventifs et une belle réalisation.

Il a néanmoins sa place dans cette étude, qui ne comprend pas seulement des nanars.

Il s'agit d'un thème « scientifique » : le requin contre Alzheimer ! D'où son lien de parenté avec le film ci-dessous *SharkMan*.

Bien sûr, il y a bien d'autres films de requins tueurs, les descendants du film de Spielberg *Les Dents de la mer*. Mais ils n'entrent pas dans le concept qui réunit les films de ce livre. Par contre, nous y avons mis des films comme *Piranhas* de Joe Dante et autres suites... par exemple.

La chercheuse Susan combine des ADN de requins, alors elle crée... des monstres.

Carter, le plongeur qui n'a jamais été à l'école, est un dur de dur. Aucun requin ne lui résiste. Le prologue de film est saisissant sur ce point et le scénariste excellent.

Aucun requin ?

Il en endort un en vue de son opération. Suspense. Extraction du liquide cervical. Un complexe de protéines pour rendre sains des neurones humains malades : ça marche !

Mais le requin se réveille et sectionne le bras du scientifique présent à ses côtés. Carter veut tuer l'animal, mais Carter/Frankenstein le sauve !

Ils sont en pleine tempête dans leur vaste centre de recherche situé en pleine mer.

L'hélicoptère de secours appelé a du mal à atterrir sur la plateforme, donc ils halent le blessé. Le câble est coincé. Et le blessé tombe vers le bassin du requin qui saute hors de l'eau pour le happer et tire ainsi sur l'hélicoptère qui s'écrase ainsi sur le bâtiment principal en explosant. L'explosion s'étend aux cuves de carburant de la station marine. Je ne vous explique pas la catastrophe.

Le requin se jette sur la vitre de la salle de contrôle qui est brisée !

CA-TA-STRO-PHE !

Quel suspense.

Le requin continue son offensive, les humains tentent de s'en sortir.

« Qu'est-ce que vous avez fait à ce requin ? » Demande le patron à Susan/Frankenstein...

« Leur cerveau n'était pas assez grand pour qu'on ait des complexes protéinés en quantité suffisante, alors nous avons violé le code de Harvard ».

Ils ont augmenté le volume de leur cerveau, donc ils sont devenus plus intelligents ?

« Elle a voulu baiser les requins et maintenant les requins veulent nous baiser », ironise le technicien. Et il ne faudrait pas que ces requins s'échappent dans l'océan ? « Ça craint rien les clôtures sont en Titane. » Mais, du coup, s'il le dit on a un doute quand on connaît les intrigues de films d'horreur.

Scènes de survie du cuistot et de son perroquet.

Ils comptaient sur le sous-marin pour se tirer, mais il est hors d'usage.

« Le cuistot meurt dans son propre four ? » Où il s'est réfugié... « Mais j'ai d'autres projets se répond-il à lui-même... Et il réussit à tuer un requin avec son... briquet ! Le patron s'est fait bouffer par un requin, donc c'est Carter qui commande.

Ça y est, la caméra subjective nous montre ce que voit le requin. Les poteaux en béton de la station marine commencent à céder.

Une autre victime : mise à mort stupéfiante. Encore une autre : idem.

Bien la mise à mort d'un requin par Susan.

Il y a trois survivants : Susan, Carter et le cuistot qui est très sympa.

Il reste encore un requin !

Superbe bagarre entre le cuistot et le requin.

Dernière bataille contre le requin qu'il faut tuer avant qu'il ne prenne le large.

Deux survivants...

Excellent film !

« Tu es sûr qu'il n'y avait que trois requins ? » Demande le cuistot...

Ne pas confondre ce film de requins avec le film homonyme qui est une adaptation du roman de Stephen King sur les loup-garous.
Peur bleue de D. Attis (1985)

SharkMan de Michael O Blowitz (2004) Avec Jeffrey Combs dans le rôle du docteur de l'horreur. On ne peut pas faire mieux.

(Voir également ci-dessus la chronique du film *Peur Bleue,* sur un requin mutant)

Un jeune couple plonge d'un bateau et se fait dévorer par un requin...

Un requin ???

Le docteur King joué par Jeffrey Combs porte une belle moustache.

Il dirige un laboratoire terrifiant qui soumet des êtres humains à de terribles expériences.

Ailleurs, il est beaucoup question d'argent dans de vastes bureaux avec une jolie biologiste.

Le docteur King a mis au point de drôles de manipulations génétiques dans son île paradisiaque. Cela ne manque pas de me faire penser à *l'île du docteur Moreau* (voir les films en annexe).

Il a créé un métis de requin marteau et d'être humain. Nous saurons plus tard que l'humain était son propre fils condamné par le cancer. On sait (moi je ne le savais pas) que les requins n'ont jamais le cancer. D'où le choix du requin marteau, avec en plus selon King, la vue, la férocité et le phénoménal pouvoir de guérison.

King/Frankenstein tient son journal.

Tous les cobayes humains sont des femmes, car King veut créer la possibilité de procréer les requins/hommes par gestation dans le ventre des femmes... Il est très cruel avec ses cobayes : il ne se préoccupe pas de dépenser de l'anesthésiant et opère une césarienne à vif sur l'une d'elles alors que le bébé n'est pas viable. Ce qui me fait inévitablement penser au film *Le Monstre est vivant* et son remake et ses suites...

Le docteur King a invité ses financeurs à visiter ses installations.

Or il est très dangereux de se baigner dans ces eaux paradisiaques.

SharkMan est amphibie, il sévit aussi sur Terre.

Jeffrey Combs n'est pas très convaincant. Alors c'est peu dire du reste...

On apprend que l'azote serait la solution contre le monstre. Ne me demandez pas pourquoi, moi qui suis chimiste, car je ne sais pas.

« Personne ne contrôle cette chose », se plaint un des sbires de King. On note que, comme toujours dans ces films de série B ou Z, les sbires sont de très mauvais tireurs...

Les massacres se poursuivent et des militaires débarquent d'un hélicoptère. Mais ils sont aussi incapables que les autres. Il y a beaucoup d'action. Le héros est un peu trop grassouillet et à trois ils ont raison d'une armée entière avec les armes volées à l'ennemi. Le scénariste ne se foule pas trop.

Dr King est évidemment indestructible.

Le grassouillet s'en est sorti : va-t-il sauver la fille, la belle brune biologiste dont Paul, le fils de King fut amoureux ?

King déclare : « Maintenant je vais faire évoluer l'espèce humaine ! »

Parce qu'il a l'idée de féconder la fille dont SharkMan est toujours amoureux !

La créature se révolte contre son créateur (Voir *Frankenstein*), bien sûr...

Making Of

« Mon nom est Michael O Blowitz et d'ici la fin du tournage on m'appellera *Ed Wood Junior* ! » (Voir annexes)

Le film a été tourné en Bulgarie alors que la température extérieure était de 5 °C et que l'intrigue se déroule en milieu tropical !

Une interview de Jeffrey Combs...

Superbe making of

*Il y a eu une série de films sur le thème des mutants, sortis en DVD au début des années 2000 : **MorphMan** de Tim Cox (la nourriture des bovins crée une mutation chez leur parasite : la douve du foie !) – **SharkMan** de Michael Oblowitz avec l'incroyable Jeffrey Combs dans ce qu'il sait le mieux faire : le savant fou impitoyable... - **PredatorMan**, de Tim Cox, une petite resucée d'Aliens 2 – **SkeletonMan** de Johnny Martin – **SnakeMan**... ne sont pas vraiment terribles ! Et ce **MosquitoMan** que j'ai chroniqué au moment de sa sortie et qui a été publié dans mon livre Cinéma fantastique et de SF – Essais et données pour une histoire du cinéma fantastique 1895-2015.*

*Ces films ont tous été tournés en Bulgarie. Ils sont produits par NU IMAGE. Voir mon livre **Aliens, Mutants et autres monstres**.*

Sharktopus Vs Pteracuda de Kevin O'Neil (2014)

La musique du générique nous fait déjà sourire : elle est ironiquement dramatique.

Le démarrage du film est superbe : la pêche au gros avec une belle jeune fille comme appât au bout de l'élastique. En fait ce n'est pas de la pêche puisqu'elle fait du saut à l'élastique et se fait gober par un monstrueux "poisson" quand elle arrive au-dessus de l'eau.

C'est que des monstres sont lâchés dans la nature suite au dysfonctionnement d'un labo clandestin. Un hybride de requin et de pieuvre et un hybride de requin et de ptérodactyle. Sont forts, hein ?

Le sel des océans est fait des larmes des morts : pieuvres, requins y sévissent.

Mais le spectateur est rassuré, ce ne sont que les beaufs et les cons qui se font bouffer. Enfin pas tous.

On finit par s'ennuyer avec des scènes répétitives. Pourquoi n'ont-ils pas appelé l'armée ?

Sharknado 3 d'Anthony C. Ferrante (2015)
C'est le troisième opus. Je n'ai pas vu les deux autres.

Encore un film SyFy amusant puisqu'on y assiste à des attaques aériennes de requins apportés par une tornade géante ! Difficile de leur échapper.

Un vrai délire. Désopilant. Trop bien grotesque !

Washington est pratiquement détruit ! Tout est démoli : Maison Blanche, Capitole, etc.

Et les chasseurs de tornades de requins chassent. L'un utilise la tronçonneuse. C'est très gore.

Enfin c'est vraiment le grand guignol avec un chasseur bombardier et la navette spatiale.

Ils n'ont peur de rien les scénaristes ! Tant mieux...

Autres...

Piranhas de Joe Dante (1978), des jeunes inconscients et trop curieux ouvrent une vanne dans un laboratoire militaire abandonné et, catastrophe ! les piranhas mutants passent dans le lac situé à proximité. Gare ! Séquelles : *Piranhas 2 : les tueurs volants* (1981) de James Cameron et *L'invasion des Piranhas* (1984) d'Anthony Dawson (pseudonyme d'Antonio Margheriti).

Piranha 3D d'Alexandre Aja (2010)
« Sea, sex and... blood » clame l'affiche du film!
Alexandre Aja n'a pas voulu faire un remake du film de Joe Dante de 1978, qui était tout simplement une parodie sanglante des « Dents de la mer » (1975) de Steven Spielberg.
Il a plutôt voulu reprendre l'esprit d'un autre film de Joe Dante : « Gremlins » (1984), où une bande de sales petites bestioles anarchistes foutent un bordel du diable partout où elles passent ! Ben ici c'est une bande de piranhas sanguinaires qui nous offrent quelques scènes gore dans un monde de sexe débridé.
Fastueux ! Époustouflant !
Avec le thème récurrent des films d'horreur des années 80 : attention, pas trop de sexe, soyez sage sinon ce sera l'horrible punition !

Et vous ne vous en sortirez pas comme ça, hein !
Alexandre Aja est un excellent cinéaste, il conduit ce film en main de maître qu'il est.

Les Dents du Bayou de Griff Furst (2013)
C'est pas *Les Dents de la mer* !
Très amusant. On rigole ! Les crocodiles deviennent mutants suite aux déversements de produits toxiques dans le Bayou. Un film SyFy qui rend hommage aux innombrables films de séries B, voire Z, sur un sujet équivalent. Même Jean Rollin a fait un film sur ce thème des produits toxiques engendrant des monstres...
Et cette mutation est contagieuse ! N'embrassez pas un crocodile mutant, car vous en deviendrez un aussi !
Très mal joué, mais avec empathie ce qui produit de la sympathie chez le spectateur. Effets spéciaux assez nuls, mais on regarde jusqu'au bout !

En eaux troubles (**The Meg**) de Jon Turteltaub (2018)
Très beau film sur l'exploration sous-marine.
Un centre de recherche sous-marine envoie une navette à une profondeur inégalée. Elle perce la thermocline et découvre là-dessous un autre monde ! Mais cet autre monde renferme aussi un Megalodon, un requin géant antédiluvien qui v a sévir dans notre monde à nous ! Qui fait 25 mètres de long. Donc, aventures trépidantes, rebondissements à n'en plus

finir, et notre héros viendra à bout de cette montagne pleine de dents !

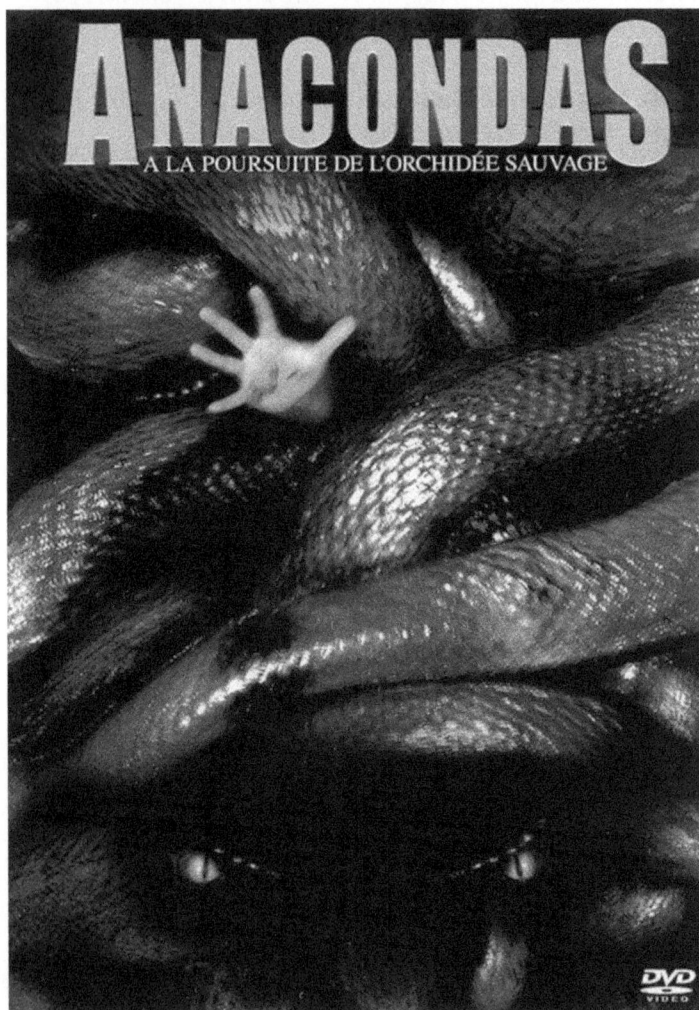

Serpents

La mode revient aux prédateurs naturels. Le cinéma nous avait déjà habitués à cela, avec, notamment, *Les Oiseaux* (1963) d'Hitchcock que j'avais d'ailleurs soupçonné à l'époque d'avoir fait un film de guerre froide en récidivant après *L'étau* (1969). Aujourd'hui, le cinéma produit cette nouvelle terreur, avec *Anaconda, le prédateur* (1997) de Luis Llosa, qui met en scène le fameux et énorme serpent, la terreur étant ici possible grâce aux merveilleux effets spéciaux qui nous montrent avec délectation la méthode de chasse du prédateur et sa manière d'étouffer et gober ses victimes.

Films avec des serpents

Black Moon de Louis Malle (1975). Quand Lily dégraphait son corsa-a-ge... Quelques cafards, un rat, des serpents et une licorne (ici, une mule avec une fausse corne) ne font pas un film fantastique...

Les Aventuriers de l'arche perdue (1981) de Steven Spielberg. Aventures trépidantes d'Indiana Jones.

La Ferme de la terreur de Wes Craven (1981)
Avec la superbe Sharon Stone.

Une bande de (belles) filles sème la pagaille parmi un clan de puritains arriérés dans une campagne perdue.

Oui, mais un tueur rôde et regarde par la fenêtre les filles se déshabiller.

Et un serpent dans la baignoire, une araignée dans la grange ?

Le fils du grand prêtre des puritains, frère d'un des assassins, tombe amoureux d'une des filles...

Et c'est dur de résister à l'appel de la chair !

Une histoire d'incube. Pas le meilleur de Wes Craven.

Anaconda, le prédateur de Luis Llosa (1997), un serpent géant qui avale ses proies humaines comme vous gobez un œuf ! Ce film pourrait être classé dans la catégorie des films sur la nature terrifiante.

Cette catégorie a été inaugurée par *King Kong* (Schœdsack et Cooper – 1933), le gorille monstrueux.

Le seul monstre de la nature qui fut à plaindre. Bien plus tard, Steven Spielberg relance le mythe avec L*es Dents de la mer* (1975), et puis Stephen Hopkins nous offre des lions avec *L'ombre et la proie* (1996). Il y a eu aussi *Razorback* (Russel Mulcahy – 1984) qui met en scène un sanglier chasseurs de chasseurs. Que ce soit des requins ou des lions, on a affaire à un prédateur sans pitié comme savent l'être ces êtres instinctifs. Longtemps, ce qui était fantastique c'est que de tels monstres pouvaient avoir une origine humaine. Ce fut le cas dernièrement encore avec *Relic* (Peter Hyams – 1997). Mais *Anaconda* s'inscrit bien dans cette tradition du monstre "naturel", d'une monstruosité de la nature qui n'est dangereuse que parce que l'homme y met son grain de sel. D'ailleurs, les hommes font un dieu de tels prédateurs. Et ce n'est pas chez le monstre qu'on trouve le démon, « *mais en chacun de nous* » comme le déclare le méchant chasseur de serpents. Ce film est intéressant à bien des égards. D'abord pour la perfection de ses effets spéciaux : un vrai cours magistral sur la méthode de chasse de tels serpents. Effrayant ! Ensuite pour l'étude minutieuse de la nature et de ses dangers présents dans un système fluvial puissant comme celui de l'Amazone. L'homme lui, ne doit pas se laisser aller à ses instincts. La scène des lucioles et de leurs appels lumineux pour la reproduction sert de cours didactique sur ce sujet.

Anacondas, à la poursuite de l'orchidée de sang de Dwight H. Little (2004), les anacondas reviennent en nombre. Ce film renoue avec les films d'aventures dans la jungle dans lesquels une équipe (avec obligatoirement une jolie fille, ici il y en a même deux) cherche un trésor et affronte d'horribles dangers. Voilà à quoi se résume l'ambition de ce film et il atteint parfaitement ses objectifs. Quoi lui demander de plus ?

Il y a aussi **Anaconda 3 : L'Héritier** de Don E. FauntLeRoy (2008) et **Anaconda 4 : La Piste du sang** (2009) du même.

SnakeMan d'Allan A. goldstein (2004)
Sous-titre : le prédateur.
Prologue : lors d'une expédition dans la jungle, il est découvert des sculptures. Apparition d'une monstruosité, pas visible, manifestée par le son et une caméra subjective. Vu les dégâts causés aux victimes, cette entité doit être très grande.
Des gens extraient une « espèce de sarcophage » de la rivière. Un « docteur « appelé dit en regardant : « je n'ai jamais rien vu de pareil. » Un Indien grimé, caché, regarde la scène. IIIl a le regard inquiet.
Le docteur demande aux gens d'ouvrir le sarcophage. Les Indiens cachés qui observent la scène bandent leur arc.
Le sarcophage contient un corps en décomposition. Un cri profond et bestial retentit dans la jungle.
New York : un conférencier présente la découverte faite par une importante firme pharmaceutique. Il présente le sarcophage et son contenu : « l'homme de l'Amazonie ».
Voici le docteur Rick Gordon et la doctoresse Susan Anters.
Après analyses, ils ont découvert que l'homme de l'Amazonie avait plus de 300 ans au moment de sa mort !
Il existerait une tribu qui descend de cet homme. Elle vit dans la jungle du Brésil. Une

équipe est constituée pour aller chercher cette tribu et étudier son ADN.

Nous voici donc dans la jungle (c'est tourné en Bulgarie, rappelons-le...) : un homme est blessé par une flèche et étouffé par un serpent géant. L'hélicoptère est frappé par un éclair et tombe dans la jungle sous une pluie battante. Une autre équipe est attaquée par un serpent géant. Les membres de l'équipe de l'hélicoptère sont menacés par les Indiens. Mais le pilote calme le jeu et les Indiens vont montrer le chemin.

Une scène avec une énorme araignée et un intermède avec un serpent géant qui croque un singe.

Différentes attaques du serpent géant à plusieurs têtes. Susan est enlevée par les Indiens et emmenée à leur village. Les survivants rencontrent un homme qu'ils croyaient mort, mais qui semble s'être adapté aux us et coutumes des gens du coin.

Susan promet au chef de tribu de faire revenir Covab (l'homme de l'Amazonie sorti de la rivière) elle joint son patron à New York par radio. Il lui promet de l'envoyer.

Après bien des pérégrinations, il est dit que le « don » de longévité ne doit pas quitter la tribu.

Mais, au lieu de Covab, le patron envoie un commando armé jusqu'aux dents.

Les deux autres survivants s'évadent, mais l'un est dévoré par le serpent, l'autre s'enfuit. Le chef de tribu emmène Susan dans la caverne de Nagra et l'eau de longue vie. Le serpent apparaît avec plusieurs têtes. Susan doit offrir l'eau de longue vie à Nagra.

Le commando arrive en hélicoptère et doit affronter le serpent géant à plusieurs têtes. Ils seront tous tués.

Le méchant se fera écarteler par quatre des têtes du serpent. Le secret de longue vie sera bien gardé.

L'exorciste au commencement de Renny Harlin (2004), raconte les premières expériences de rencontre avec le diable du prêtre exorciste. Il paraît que c'était Paul Schrader (réalisateur du remake assez raté de *La Féline*) qui avait commencé à s'y mettre. Mais comme l'acteur Liam Neeson qui jouait le père Merrin dans le premier *Exorciste* a laissé tomber le film, Schrader s'en est allé avec lui. Harlin a donc pris la relève. Doit-on pour autant massacrer son film ? Pas du tout !

Le scénario reprend tous les ingrédients qui ont fait le succès du premier film (et aussi des suivants qui sont tous excellents) : le lieu maléfique et l'objet maléfique retrouvés grâce à des fouilles archéologiques, la possession, le doute du prêtre devant le diable et ses tentations, l'horreur de la transformation... Il rajoute d'autres ingrédients à la légende de Satan : le cimetière des pestiférés, la terre consacrée, les mouches et la menstruation. Et même une allusion à un cas véritable de "possession" celui de Loudun (mis en film par Ken Russel dans *Les Diables*). Et surtout ce qui fait la substance du lien entre ce genre d'histoire et le spectateur : la culpabilité, qui finit par avoir raison de la foi.

Le prologue est saisissant et stupéfiant. La scène des hyènes éprouvante. La fin surprenante.

C'est un très bon film. (Avec le DVD on a droit aux scènes tournées par Schrader.)

Anaconda 3 l'héritier de Don E. Fauntleroy (2008)

Ils ont élevé un anaconda de 18 mètres et sa femelle pour des manipulations génétiques. Les monstres s'évadent et massacrent une bande de nuls qui rateraient une vache dans un couloir.

Film éprouvant par sa nullité. Dommage.

Horns d'Alexandre Aja (2014)

Il y a une voix off, mais Aja, en grand cinéaste, ne l'utilise pas pour raconter l'histoire. Il utilise, pour cela, le film qu'il tourne. Et il raconte une jolie histoire d'amour.

Mais l'enfer est en chacun de nous. Radcliffe est superbe avec ses cornes. Il est devenu le révélateur du Mal. Pour ne pas dire du mâle…

Le thème est difficile, pas à la portée de n'importe quel cinéaste venu. Alexandre Aja a réussi à le traiter avec grand art.

Notre héros (dont le prénom est Ignatius) est révélateur du Mal, donc de la Vérité. Mais avant de la voir sortir du puits, le Malin, qui mérite bien son nom, vous fait faire des tours et des détours, et vous joue bien des tours…

Qui a tué la fiancée du héros ?

Une superbe histoire d'amour.
« La revanche consume tout ! »

Singes

Dans *Double assassinat dans la rue Morgue* de Robert Florey (1932). Ce film, très librement adapté de la nouvelle d'Edgar Allan Poe, traite également de problèmes de sang. L'abominable professeur Mirakle enlève les charmantes jeunes filles pour leur transformer le sang afin qu'elles puissent s'accoupler avec un grand singe intelligent et faire des petits. À la fin du film, après la mort de l'affreux professeur, le singe emporte la jeune fille sur les toits.

À la fin du film, après la mort de l'affreux professeur, le singe emporte la jeune fille sur les toits. Introduction au célèbre *King Kong* , réalisé en 1933 par Cooper et Schœdsacki ?

La sexualité souterraine, celle que l'on n'ose pas exprimer à cause des lois morales (comme celles imposées aux animaux humanisés de *L'île du docteur Moreau*), est parfaitement traitée par *King Kong* (1933) d'Ernest B. Schœdsack et Merian C. Cooper.

Les premières images du film montrent deux singes qui se dévorent vivants... Sur le film *Les Prédateurs* de Tony Scott (1983).

Films avec des singes

Double assassinat dans la rue Morgue de Robert Florey (1932), inspiré de la nouvelle d'Edgar Allan Poe, l'action se déroule à Paris où l'abominable docteur Mirakle (joué par Bela Lugosi) enlève de charmantes jeunes filles pour transformer leur sang afin qu'elles puissent assurer la reproduction d'un gorille intelligent. Avec la poursuite du gorille qui a enlevé la belle héroïne, la fin est une répétition générale de *King Kong* et aussi un hommage au *Cabinet du docteur Caligari* .
Autre version : *Murders in the rue Morgue* (Gordon Hessler) 1971.

King Kong de Ernest B. Schœdsack – Merian C. Cooper (1933), un grand singe ramené à New York s'évade et enlève la belle jeune fille dont il est amoureux. Célèbre scène de King Kong sur l'Empire State Building entouré d'avions qui lui tirent dessus.
Il y eut ensuite : *Le Fils de King Kong* (1933) d'Ernest B. Schœdsack – *Monsieur Joe* (1943) d'Ernest B. Schœdsack – *King Kong contre Godzilla* (quelle idée !) (1963) d'Inoshiro Honda – *La Revanche de King Kong* (1967) d'Inoshiro Honda – *King Kong* (1976) de John Guillermin – *King Kong revient* (1977) de Paul Leder – *Le Colosse de Hong Kong* (1977) de Ho Meng-Hua – *King Kong II* (1986) de John Guillermin.

La Planète des singes de Franklin J. Schaffner (1968), un vaisseau spatial américain perdu atterrit sur une planète dont l'espèce dominante intelligente est le singe. Aventures, guerres et amour pour découvrir que cette planète est la Terre après la guerre nucléaire. Scène finale fabuleuse où Charlton Heston découvre les restes de la statue de la Liberté au bord de la plage. *« Ils les ont fait sauter leurs bombes ! »* Hurle-t-il...
Nombreuses suites : *Le Secret de la planète des singes* de Ted Post (1970) – *Les Évadés de la planète des singes* de Don Taylor (1971) – *La Conquête de la planète des singes* (1972) et *La Bataille de la planète des singes* (1973) de J. L. Thomson – Une série de télévision : *La Planète des singes* (1974).

La Planète des singes de Tim Burton (2001). Comme tous les fans de Tim Burton je me suis précipité, bien que je n'aie jamais été fasciné par les films précédents inspirés du roman de Pierre Boulle.
Le générique est très hollywoodien (ce n'est pas une critique...) et... le reste aussi. Il manque cet humour macabre dont Tim Burton s'était fait la spécialité. À noter : des maquillages superbes, ici les hommes parlent, et on insiste sur la supériorité physique des singes. Certains critiques, déçus, massacrent le film. N'exagérons rien. C'est un très bon film.

King Kong de Peter Jackson (2005), à part les effets spéciaux bien meilleurs, of course, que l'original, pas grand-chose à ajouter... Fallait-il vraiment le faire ?

La Planète des singes : les origines de Rupert Wyatt (2011)
Excellent film. Le scénario est un peu tiré par les cheveux et le combat entre les singes et quelques policiers sur le pont de San Francisco à la fin est très peu vraisemblable.
Mais passons, on y croit quand même tellement c'est bien filmé et bien joué...
Un scientifique fait des recherches pour trouver un vaccin contre la maladie d'Alzheimer dont est atteint son père. Il fait des essais sur des singes et les effets sont inattendus...
Ces expériences conduiront à la quasi-extinction de l'espèce humaine et à la naissance d'une nouvelle espèce intelligente : les singes.
Superbe film.

Planète des singes : l'affrontement (2014) de Matt Reeves (2014)
Le prologue est un peu téléphoné : une épidémie mortelle décime l'espèce humaine. C'est une épidémie de grippe simienne... Le virus a été transmis par les singes.
Le film raconte alors la guerre entre les humains survivants et les singes pour la conquête d'un barrage hydraulique permettant de produire de l'électricité...
Il y a aussi une guerre civile chez les Singes et chez les Humains...

Plein de malentendus. Tous les malheurs des uns et des autres proviennent de malentendus…

On a déjà vu plein de films comme ça : les Cow Boys et les Indiens, les films coloniaux avec Tarzan, le film Zulu… Un film assez faible.

La Planète des singes Suprématie de Matt Reeves (2017)

La scène de guerre du début est excellente. Le réalisateur est excellent. Je n'en dirais pas de même du scénariste… Même si les scénaristes sont deux, dont l'un est le réalisateur.

Cette série est devenue, avec ce troisième film, un film de cowboys et d'Indiens. Les méchants cowboys étant les humains et les gentils Indiens les Singes…

C'est consternant.

Le méchant colonel a tué toute la famille de César, mais a raté ce dernier. Un peu gros non ?

Le commando des trois singes dirigé par César emmène une petite fille après avoir tué son père. Sont gentils non ?

Kong : Skull Island de Jordan Vogt-Roberts (2017)

Une île perdue sous les nuages. Un commando en hélicoptères traverse ces derniers pour l'atteindre. Car sur cette île du Pacifique sud il y a un écosystème inconnu, bizarre.

Au Vietnam, c'est le retrait des troupes US. L'expédition embauche donc un colonel de l'armée.

Au prologue du film, on a vu Kong.

Quand il voit les hélicoptères, il les attaque. Ils ne pensent même pas à s'élever un peu plus pour être hors de portée ?

De plus ce grand singe semble être en acier, invulnérable...

L'agence Monarch traque les Mutants Ultimes d'Origine Inconnue.

Maintenant qu'ils l'ont vu, il faut rentrer pour témoigner de son existence, ce Kong. Mais le colonel veut venger la mort de ces hommes. Ah ! Ces films antimilitaristes...

Une faune étrange : araignée géante, buffle géant... Des ruines. Le monstre du Loch Nest, un poulpe géant, des lézards géants teigneux.

Il y a même un vieil ermite et les autochtones vivent dans une société de communisme primitif. Et Kong est le sauveur, le défenseur, le dieu de ce peuple.

« Les monstres existent. Sous nos lits et parmi nos chefs... » Se lamente un soldat.

Maintenant c'est un film de jungle classique, sauf que les animaux sont plus terribles : un super film de Tarzan !

Et puis il y a la Belle et la Bête... Attention scène à la fin du générique...

Sirènes

Il va chercher une longue boîte, ressemblant à un cercueil miniature. Il en sort des bocaux recouverts de tissus qu'il enlève pour dévoiler des « créatures charmantes ». En effet, ils contiennent chacun un être humain vivant miniature. Il y a le roi amoureux de la reine qu'il ne peut rencontrer dans son autre bocal, l'évêque, la danseuse et la sirène... Frankenstein : « Ce n'est pas de la science ! C'est de la magie noire ! »
À propos du film La **Fiancée de Frankenstein** de James Whale (1935)

Films avec des sirènes

She Creature de Sebastien Gutierrez (2001). Une histoire de sirène. Assez rare pour être signalée. Une des premières productions de *Creature features productions*. Très bien filmée. Excellent jeu des acteurs. Le lieu clos constitué par un bateau à voiles du début du siècle est bien rendu. L'intérêt des films de cette époque, c'est l'éclairage à la lampe à pétrole. Une histoire à l'obscure clarté du grand Lovecraft.

Siren d'Andrew Hull (2010)
Ah ! une histoire de sirène ! Rare...
J'aime assez le plan du début : la croisée des chemins...

La mise en scène est un peu bateau (ah ah ah)...

Un couple et un ami partent en bateau. Ils arrivent dans une île d'où vient un naufragé qui meurt et sur laquelle se trouve une jolie fille amnésique.

Quelques très belles images et un scénario en labyrinthe. Le bateau s'appelle le Persephone, bien sûr.

Ah le chant des sirènes...

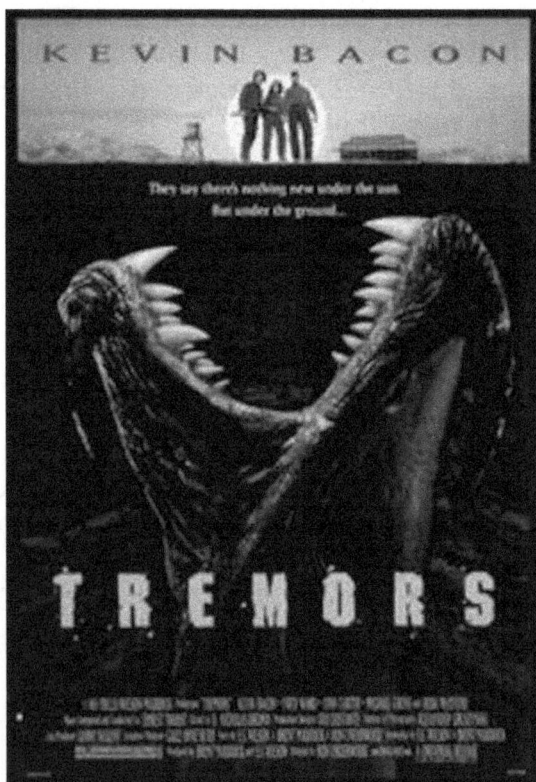

Vers

Des vers géants, il y en a quelques-uns dans le cinéma fantastique...

Films avec des vers

Rodan de Inoshiro Honda (1957). D'abord un ver géant mis à jour lors de fouilles. Ensuite le ver est mangé par des créatures volantes préhistoriques nées d'un œuf gigantesque (toujours sous terre...) Honda continue avec ses monstres nés de l'obsession de la bombe atomique.

Dune de David Lynch (1985), je ne reconnais pas « mon » David Lynch dans ce film. Mondes de sables et messie sauveur, Lynch empile de somptueux tableaux qui constituent un film. Malgré les vers géants.

L'empire contre-attaque d'Irvin Kershner (1980), la suite de Star Wars le premier sorti.

Le Repaire du ver blanc de Ken Russel (1988). Voilà, voilà... On se demande constamment s'il faut en rire ou en pleurer. J'ai décidé qu'il fallait en rire ! Adaptation du roman homonyme de Bram Stoker.

Tremors de Ron Underwood (1989) *des vers géants préhistoriques sortent de terre pour dévorer tout ce qui passe* et ses suites : **Tremors 2 : les dents de la Terre** de S. Wilson (2001) - **Tremors 3 : le retour** de Brent Madock (2002) et **Tremors 4** de S.S. Wilson (2007)

Men in Black 2 de Barry Sonnenfeld (2002). Sera-t-il aussi hilarant que le « un »? (Question posée le 22 juillet 2002 avant la sortie en France...) Eh bien après l'avoir vu je peux dire : non ! On n'est plus surpris comme dans le premier, alors on s'amuse moins. Sonnenfeld a joué la sécurité.

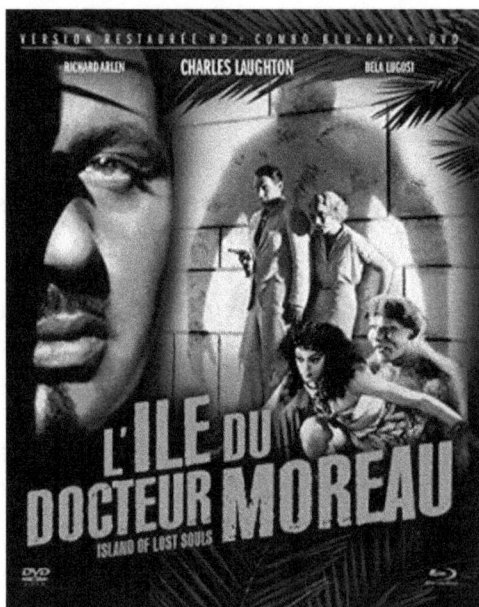

Divers

*J'ai réuni ici les films traitant du bestiaire fantas-
tique que je n'ai pas pu classer ci-dessus.*

La Mandragore de Henrik Galeen (1927), la
Mandragore se dit Alraune en Allemand, d'où
le nom donné à la merveilleuse jeune fille produite grâce à la fécondation par le sperme
d'un pendu.
On connaît d'autres versions qui s'appellent
toutes *Alraune* : Eugen Illes (1918) – Michael
Curtiz (d'origine hongroise et qui s'appelait
alors Mihaly Kertesz) (1918) – Richard Oswald
(1930) – Arthur Maria Rabenalt (1952).

L'île du docteur Moreau de Erle C. Kenton
(1932), une panthère transformée en magnifique jeune fille... Mais, hélas, chassez le naturel, il revient au galop ! ... Un remake en 1977
par Don Taylor avec Burt Lancaster et en 1996
par Frankenheimer avec Richard Burton... Une
adaptation du livre de H. G. Wells.

La Féline de Jacques Tourneur (1942), c'est
ce film qui rend le mieux l'épouvante de ce qui
se passe hors-champ... Le spectateur est terrifié par des ombres et sa propre imagination.
Une suite par Robert Wise en 1944 : *La Malédiction des hommes-chats*. Il y a un remake en 1982 réalisé par Paul Schrader.

La Belle et la Bête de Jean Cocteau (1946), tout le monde connaît l'histoire, mais il faut voir le film. C'est un grand chef-d'œuvre du fantastique avec une interprétation magistrale de l'argent fétiche de Cocteau : Jean Marais.

Two Lost Worlds de Boris Petroff (1950)
L'histoire d'amour (presque impossible) est du même genre que dans The Beast of Hollow Moutain. Mais ça se passe en Australie.
Bataille navale, pirates et naufragés qui abordent sur une île après 39 minutes de film sur 58 minutes en tout...
Les "dinosaures" sont des crocodiles déguisés et des salamandres.
Il y a une éruption volcanique à la fin qui règle tous les problèmes...

Le Monstre des temps perdus de Eugène Lourie (1953).
Ce film est sorti un an avant « Godzilla » d'Inoshiro Honda, bien plus célèbre pourtant... Il raconte une histoire identique et eut également beaucoup de succès. Un monstre est libéré par une explosion atomique expérimentale dans l'arctique. On apprendra plus tard qu'il s'agit d'un redhosaure. Un type l'a vu. Personne ne le croit. Le psychiatre, lui, parle d'hallucinations. Les psychiatres n'ont jamais la cote dans les histoires fantastiques. Mais alors ce monstre est doublement dangereux : par sa taille (gigantesque !) et aussi parce que son sang est contaminé. Pas question d'éclabousser la ville de son sang. L'armée est

désemparée ! Mais le type qu'on ne croyait pas a une idée : utiliser l'isotope radioactif. Ça désinfecte ! Voilà un film qui doit énerver les écolos ! Vive l'armée américaine et les scientifiques ! (quand ils croient aux monstres...)

Les Oiseaux d'Alfred Hitchcock (1963), les oiseaux attaquent et tuent, on ne sait pas pourquoi et on ne le saura jamais. Scène célèbre de l'incendie de la station-service produite par trois ingrédients : les horribles oiseaux, un automobiliste ivre qui fume et de l'essence qui coule. Les effets spéciaux sont stupéfiants et le suspense insoutenable.

La Féline de Paul Schrader (1982). Remake de *La Féline* (1942) de Jacques Tourneur. Un peu gore, mais il était difficile de réussir après Jacques Tourneur...

Razorback de Russel Mulcahy (1984), lutte à mort entre un sanglier monstrueux et un chasseur. Clins d'œil à *Massacre à la tronçonneuse*...

Gremlins de Joe Dante (1984), la pagaille la plus complète semée par d'horribles petits êtres produits par un charmant petit animal quand on ne sait pas s'y prendre avec lui. C'est alors la catastrophe, l'horreur. L'essence même du fantastique ! Quelle bande d'anars ces Gremlins ! Quels « fouteurs de merde » ! Bonsoir, qu'on n'aimerait pas que ça arrive chez nous, mais comme on rigole quand cela grippe (c'est le moins qu'on puisse dire !) les rouages d'une société bien policée. Suite : *Gremlins 2* du même.

La Part des ténèbres de George A. Romero (1993), on a vu mieux de la part de ce cinéaste. Assassin en série qui n'est que le double maudit d'un écrivain. Le monstre de la fin est une bande d'oiseaux qui dévorent le « serial killer » écrivain... Un monstre à la Stephen King...

Stephen Hopkins nous offre des lions avec **L'ombre et la proie** (1996)

L'île du docteur Moreau, de John Frankenheimer (1997), après trois autres versions de la fameuse histoire de H. G. Wells – l'écrivain anglais de science-fiction – John Frankenheimer s'est attaqué audacieusement à une nouvelle adaptation de cette œuvre. Il fallait certainement le faire avec les moyens modernes de maquillages et effets spéciaux qui sont, effectivement, très bien utilisés. Ici, le film est en deux parties : une première avec un Marlon Brando très kitsch, véritable autodérision de l'acteur – particulièrement pour son rôle dans *Apocalypse Now* (1979), de F.F. Coppola – et une deuxième, après la mort du docteur Moreau, personnage qu'il interprète, quand les bêtes *humanisées* deviennent les personnages principaux. Bien sûr, ce n'est pas un chef-d'œuvre et Frankenheimer n'est pas un très grand maître. Mais pourquoi renâcler devant un film bien fait qui ose l'autodérision et qui adapte correctement une œuvre littéraire aux dernières découvertes scientifiques ? *« Le diable est un ramassis de gènes. Je l'ai coincé dans mon microscope »*, déclare le docteur Moreau.

Le Fantôme de l'Opéra de Dario Argento (1998). *« Je ne suis pas un fantôme, je suis un rat ! »* affirme le fantôme à sa victime... Un rat de l'Opéra alors ? Voilà l'ambiguïté de ce film : parodie ou pas parodie ? Argento a abandonné l'expressionnisme pour le baroque. Son film ressemble au film *Le Masque de cire* (1996) de Sergio Stivaletti (voir ci-dessus). Argento avait déjà mis les rats en scène dans *Inferno*. Mais là les rats prennent forme humaine. Il y a même la grosse italienne des films de Fellini (un hommage ?), des vers, des araignées et des chauves-souris. Les scènes gore sont plutôt du genre comique, pleines de sens (il lui mange la langue, il est coupé en deux, il est empalé phalliquement), gros plan sur la plaie et... sur la luette de la Diva... Les queues-de-rat sont dans des bocaux et un type construit une balayeuse à rats. Enfin, tout le monde sait qu'un rat est dur à tuer. Mais il suffisait d'utiliser de la mort-aux-rats ! Alors, satire ou pas ?
De toute façon une manière nouvelle de traiter une histoire somme toute pas vraiment fantastique...

Wing Commander de Chris Roberts (1999). Pour ceux qui aiment le jeu et les autres aussi, du moins ceux qui aiment les guerres spatiales... Les extraterrestres sont félins...

Le Peuple des ténèbres de Robert Harmon (2003). Tout le film se place dans le registre de la suggestion. La scène de la piscine est d'ailleurs un hommage au film de Jacques Tourneur *La Féline* (1942). C'est un peu longuet, mais assez correct. La scène dans le métro me fait penser à la nouvelle de Clive Barker *Le Train de l'abattoir.* D'ailleurs les créatures semblent tout droit sorties de l'imagination de l'écrivain maître de l'horreur. Enfin, le psy est comme d'habitude à côté de la plaque. Les schizophrènes ne sont pas malades : ils voient seulement ce que nous ne voyons pas...

The Host de Bong Joon-Ho (2006)
Ce film coréen est un bijou. Il traite une histoire de monstre de manière originale. Ici, une espèce d'énorme poisson-chat terriblement vorace et dangereux.
Ce monstre est le fruit d'une mutation due au déversement dans le fleuve d'une grande quantité de formol ; déversement exigé par un médecin légiste américain au début du film. Ce film est antiaméricain, mais cet antiaméricanisme est traité disons, par-dessus la jambe. C'est une forme d'ironie envers l'antiaméricanisme des films de monstres japonais. De même, ici le monstre vient du

fleuve et non de la mer. Les USA sont à l'origine du monstre donc, mais aussi, ce sont eux qui perturbent complètement la lutte contre cette abomination par leur obsession de l'épidémie virale.

Il est l'occasion de célébrer l'individualisme et l'initiative personnelle face à la bureaucratie de l'État. C'est un peu traité comme un western, mais sans que les héros ne soient des surhommes, au contraire, ils sont parfois bien pitoyables.

Mais attention, en ce qui concerne l'horreur, ce film reste sans concession : rien ne sera épargné à nos héros attendrissants...

Resident Evil : Extinction de Russell Mulcahy (2007)

Alice au pays des zombies qui sont de plus en plus nombreux et l'espèce humaine menace de s'éteindre. Le troisième volet des films adaptés du jeu vidéo. Mila Jovovich est toujours aussi pimpante ! Et les zombies toujours aussi dégoûtants...

Ce film rend hommage à bien d'autres : tous les films de Romero d'abord avec un pillage appuyé de son dernier *Land of the Dead*, mais aussi *Les Oiseaux* d'Hitchcock, *Mad Max*...

Le méchant docteur Isaacs est encore plus méchant (comment est-ce possible ?) et la scène de la dernière cigarette au milieu des morts-vivants va devenir une scène d'anthologie du cinéma.

Un film excellent à condition d'aimer les morts-vivants et le gore. On ne peut pas reprocher à ce film de les montrer, car c'est le sujet du film !

Les Ruines de Carter Smith (2008)
Je suis très heureux qu'on ait donné à un film le même titre que l'un de mes romans ("**Ruines**")
Ce film tente de mettre en scène une créature absente du cinéma (à ma connaissance) jusqu'à aujourd'hui. Enfin, depuis L**a Chose d'un autre monde** de Christian Nyby (1951).
Les Ruines est adapté d'un roman de Scott B. Smith (publié aux USA) qui en a écrit le scénario. L'introduction est assez flippante, mais ensuite on s'ennuie autour d'une piscine pour touristes. Mais ça ne dure pas longtemps. Enfin... ensuite c'est sur la plage le soir. On est vraiment obligé de nous infliger ce genre de scène ? Non, je ne crois pas. Après c'est à l'hôtel... Bon ils finissent par partir découvrir ces ruines...
Ceci dit, une virée touristique qui tourne au cauchemar c'est assez courant comme histoire. Ils arrivent sur les ruines et une tribu Maya les oblige à monter sur les ruines de la pyramide en tuant un de leur compagnon. Faut toujours regarder où on met les pieds... On imagine déjà que c'est un rituel pour des sacrifices humains, car de nombreux Mayas arrivent et s'installent autour du site.
Nos jeunes héros entendent un téléphone sonner en provenance d'un puits profond. Un des jeunes descend avec une corde qui casse. Une jeune fille descend pour aller à son se-

cours. Elle saute, car la corde est trop courte et elle se blesse. Ça s'enchaîne et plus ça va, plus ça va mal. L'essence même du scénario du film d'horreur. Il y a toujours la niaise qui meurt de trouille et qui accumule les conneries. La niaise en question essaie de demander des secours aux Mayas, elle s'énerve et lance une touffe de plante qui tombe sur un enfant. Les Mayas exécutent l'enfant... Il y a un problème avec la plante alors ? Peut-être... Alors les Mayas veulent tout simplement éviter une contagion ? Après quarante-trois minutes de film, la plante attaque. Enfin ! Et maintenant ça devient intéressant. On discerne le caractère de chacun, les courageux et les froussards. Les niais(e)s ne sont pas toujours ceux qu'on le croit. Le courage et la douleur. C'est ce qui fait qu'un film est bon ou pas... Et l'horreur se développe, suit son chemin, sans pitié.

Pas mal ce film.

P.S. Le gouvernement mexicain a dû être averti du danger en voyant ce film. J'espère qu'ils vont aller mettre une bonne dose de désherbant sur cette plante !

Contagion de Steven Soderberg (2011)

Ce film raconte le développement d'une pandémie due à un virus mutant porc/chauve-souris. Il prend la forme d'une grippe, puis d'une méningite aiguë et mortelle.

C'est une véritable reconstitution de ce que serait une telle pandémie. Il est d'ailleurs fait référence dans le film à la pandémie de grippe dite « espagnole » de 1918-1919...

On voit les émeutes, la paranoïa (parfois justi-fiée), la théorie du complot...

Les gauchistes voient des complots capitalistes partout, et parmi eux un vrai salaud qui se fait du fric grâce à son rôle de gauchiste...

Ceci dit, quand ils ne trouvent pas de vaccin, ils mentent, quand ils en trouvent un, il est dangereux...

Les autorités sanitaires recherchent le patient zéro, le premier qui a été infecté et qui a lancé la pandémie. Ils sont lancés sur une fausse piste et cette enquête dévoile un pan de la vie privée des protagonistes.

Au milieu de tout cela, il y a une stupide his-toire d'enlèvement.

La leçon de la fin : il suffit de si peu de choses pour lancer une pandémie, il suffit de ne pas se laver les mains !

Ce film est vraiment bien : quasiment un do-cumentaire sur ce que pourrait être une telle pandémie et ses conséquences sociales, poli-tiques, scientifiques, morales, etc.

Mais un documentaire vécu en direct, donc une superbe fiction !

Pacific Rim de Guillermo del Toro (2013)
Le film commence comme dans *Godzilla* : l'attaque d'un chalutier par un KAIJU, bête géante monstrueuse.

Ils sont arrivés par la brèche au fond de l'océan...

Pour les combattre : la grande industrie, la sidérurgie, la métallurgie lourde et l'informatique.
Superbement tourné ! On y croit !

La Belle et la Bête de Christophe Gans (2014)
Le remake du film inégalé de Jean Cocteau (1946).
L'histoire est tirée d'un conte de Gabrielle-Suzanne de Villeneuve, publié en 1740.
Gans, comme tout cinéaste français qui se respecte, veut faire du social dans ce film tout en revenant, dit-il, au conte original...
Aller ! Regardez le Cocteau ! (Et évitez le Disney...)

Warcraft : le commencement de Dunean Jones (2016)
Au début, il faut s'habituer aux personnages : de grosses bestioles mi-humaines pleines de muscles, de grosses défenses sortant de la bouche et accoutrés d'un tas de trucs bizarres. Ce sont les Orcs.
Ah ! Enfin des êtres humains ! Enfin... si on peut dire... Ils chevauchent des « chevaux » volants sans s'attacher : c'est pas possible ! Les montures sont des Griffons.
Pour expliquer l'invasion des Orcs, ils vont chercher le Gardien. Une jolie forêt avec des arbres magnifiques.
Ils chevauchent des loups sans selle. Ils sont venus par le grand portail pour envahir leur monde.

Les gentils Orcs veulent faire alliance avec les humains pour vaincre le méchant Guldan, qui, grâce à sa magie, détruit le monde où il est.

On s'habitue, et puis quand on s'est habitué, c'est une histoire comme les autres : les Cowboys et les Indiens. Le Grand Sorcier... Un peu à l'envers, ceci dit...

Il y a le petit Moïse aussi.

Pas mal !

Un cas à part !

La Ligue des Gentlemen Extraordinaires de Stephen Norrington (2003). Excellent ! Cette idée qui vient d'Alan Moore de reprendre tous les personnages des grands romans de l'époque victorienne ne peut que ravir tout amateur de SF ! C'est du steampunk des plus élaboré... On ne s'ennuie pas une minute et le décalage systématique de la nature de chacun de ces personnages qui ont obsédé la littérature fantastique et le cinéma est très séduisant.

Voici la liste des personnages :

Sawyer a été rajouté par la production pour qu'il y ait un personnage américain...

Allan Quatermain

C'est le héros du roman homonyme (1887) de Henry Rider Haggard qui a écrit également Les Mines du roi Salomon (1885).

Haggard fut avec Kipling un efficace et talentueux propagandiste de l'impérialisme anglais...

Quelques films :

Les Mines du roi Salomon (1937) de Robert Stevenson

Les Mines du roi Salomon (1950) de Compton Bennett

Allan Quatermain et les Mines du roi Salomon (1985) de Jack Lee Thompson

Rodney Skinner

C'est l'homme invisible. Comme la production ne disposait pas des droits sur le personnage de l'homme invisible Griffin. Donc Rodney Skinner a volé la formule d'invisibilité de Griffin.

L'homme invisible (1897) est un des chefs-d'œuvre de H.G. Welles le véritable inventeur de la SF, les autres n'ayant réussi qu'à écrire de belles histoires d'aventures... Wells a fait de Griffin (l'homme invisible) un être humain qui perd petit à petit son humanité et s'enfonce inéluctablement dans une paranoïa terrible. Il reste un peu de ce caractère dans Skinner qui accepte de travailler avec la LXG à condition qu'on trouve le moyen de le rendre visible...

Au cinéma toutes les œuvres de Wells ont trouvé une adaptation. *L'homme invisible* ne fait pas exception.

Voici les films :

L'homme invisible (1933) de James Whale, connu pour ses *Frankenstein.* Whale réalise là un petit chef-d'œuvre expressionniste. La scène de l'arrivée de Griffin à l'auberge dans la neige reste dans ma mémoire !

La Revanche de l'homme invisible (jamais diffusé en France)

Le retour de l'homme invisible (1940) de Joe May.

Le Cerveau infernal (1957) de Herman Hoffman avec Robby le robot de "Planète Interdite".

Les Aventures d'un homme invisible (1992) de John Carpenter qui traite le sujet avec beaucoup d'humour...

Hollow Man (2000) de Paul Verhœven qui a réalisé là un petit chef-d'œuvre qui renoue avec le livre et la première adaptation de Whale (si ! si !)

La série télé **L'homme invisible** retourne le personnage pour en faire un héros positif...

Dr Jekyll et Mr Hyde

C'est le personnage du chef-d'œuvre de R.L. Stevenson *Le Cas étrange du Dr Jekyll et de Mr Hyde* (1886).

C'est le roman de la dualité du bon et du méchant dans chaque homme. Le Dr Jekyll a composé une potion qui, une fois bue, vous transforme en bête humaine : le côté obscur de votre personnalité...

De nombreux films ont été réalisés avec ce personnage.

Der Januskopf (1920) de F.W. Murnau

Dr Jekyll et Mr Hyde (1932) de Robert Mamoulian.

Dr Jekyll et Mr Hyde (1941) de Victor Fleming

Le Testament du docteur Cordelier (1959) de Jean Renoir

Les deux visages du Dr Jekyll (1960) de Terence Fisher

Dr Jekyll et Mr Love (1963) de Jerry Lewis

Dr Jekyll et sister Hyde (1971) de Ward Baker

La Machine (1994) de François Dupeyron

Mary Reilly (1995) de Stephen Frears (l'aventure du point de vue de la bonne du Dr Jekyll...)

Mina Murray

Wilhelmina Murray est le personnage féminin principal du *Dracula* (1897) de Bram Stoker.

Elle attire Dracula à Londres parce qu'elle est le sosie de son ancienne fiancée dont la mort l'a conduit dans l'état de vampire où il se trouve. C'est le fiancé de Mina, Jonathan Harker, employé de l'agent immobilier qui l'envoie en Transylvanie chez Dracula qui veut acheter le vieux château de Carfax à Londres...

Dans le roman Mina ne devient pas vampire, bien que certains lecteurs insistent pour trouver une certaine ambiguïté à la fin...

De nombreux films ont utilisé le personnage de Dracula. Je ne vous donne ici que les films qui reprennent plus ou moins l'histoire de Bram Stoker.

Nosferatu le vampire (1922) de F. W. Murnau. Ce film a une histoire extraordinaire : Florence Stoker, la veuve de Bram a attaqué Murnau en justice, car ce dernier a fait son film en l'adaptant de l'œuvre littéraire sans autorisation ! Elle a gagné et fait détruire les copies !!!! Heureusement il en a été sauvé au moins une...

Dracula (1931) de Tod Browning. Bela Lugosi joue le rôle du vampire. Le code Hays (31 mars 1930) qui impose des tas de choses aux réalisateurs, notamment pas de sang et pas de sexe (même pas d'embrassade sur la bouche...) rend ce film insipide par rapport aux suivants, mais reste un chef-d'œuvre grâce à Browning et à Lugosi...

Le Cauchemar de Dracula (1958) de Terence Fisher qui, lui, n'était pas bridé par le code Hays !

Jonathan (1970) de Hans W. Geissendorfer

Les Nuits de Dracula (1970) de Jess franco
Nosferatu fantôme de la nuit (1979) de Werner Herzog, un remake du *Nosferatu* de Murnau.
Dracula (1979) de John Badham
Dracula (1992) de Francis Ford Coppola
Le Capitaine Nemo
C'est le personnage du livre de Jules Verne *20 000 lieues sous les mers* (1869).
Jules Vernes n'a pas vraiment écrit de la science fiction, mais plutôt des aventures fantastiques. Ici, Nemo est le capitaine d'un sous-marin, ce qui à l'époque ne pouvait que surprendre le lecteur. Et n'oublions pas le calmar géant qui s'avère exister réellement... Avec son invention Nemo cherche à se couper du monde...
Je connais une adaptation :
20 000 lieues sous les mers *(1954) de Richard Fleischer*
Georges Mélies a fait **20 000 lieues sous les mers ou le cauchemar d'un pêcheur** *que je n'ai jamais vu...*
Enfin, signalons l'hommage appuyé rendu à cette œuvre de Verne dans le film **Sphere** *(1997) de Barry Levinson.*
Dorian Gray
Le héros du chef-d'œuvre d'Oscar Wilde Le portrai de Dorian Gray *(1890)*
Un homme accède à l'immortalité grâce à une œuvre picturale : son portrait, qui lui, évolue vers une déchéance inéluctable. Ce bouquin a scandalisé l'Angleterre victorienne. Je n'ai souvenir que de deux films adaptés cette his-

toire : **Le Portrait de Dorian Gray** *(1944) d'Albert Lewin et* **Le Dépravé** *de Massimo Dellemona (1970)*

Je ne saurais trop insister sur le talent inouï de Lewin qui n'a malheureusement réalisé que peu de films, mais avec Pandora *(1951) il a réalisé un pur chef-d'œuvre (une adaptation du thème du* Vaisseau fantôme*)*

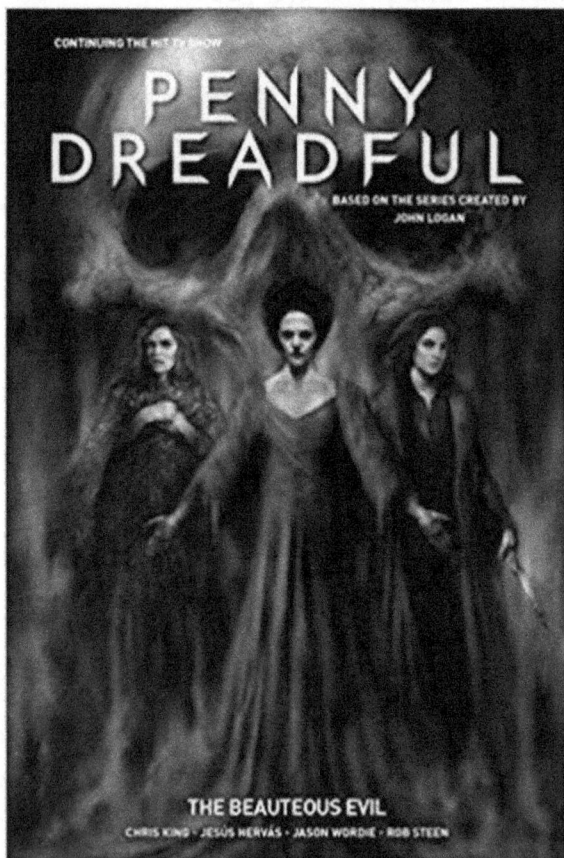

Séries télé

De nombreuses séries télé traitent de ce bestiaire. Il est difficile de les citer toutes et de les traiter ici car en fait, elles ne sont pas spécialisées dans ce domaine, elles le traitent accessoirement, sans en être la ligne directrice.

Sauf une, qui est entièrement consacrée à ce thème , c'est **Grimm** (2011–2018) de Jim Kouf, David Greenwalt, série qui traite exactement le thème de ce livre : le bestiaire de tous les êtres fantastiques qui vivent parmi nous, se cachant derrière une apparence humaine et que seuls les « Grimm » peuvent détecter.

Voilà une très belle série inspirée des contes de Grimm, et qui les a considérablement développés et adaptés à notre époque moderne. Excellent.

Autrement bien des séries abordent le bestiaire de ce livre :

Supernatural depuis 2005, de Sera Gamble, Jeremy Carver, Eric Kripke (14 saisons à ce jour). J'ai consacré un livre entier à cette série.

Penny Dreadful 2014-2016, de John Logan.

Mais aussi **True Blood**, **Vampire Diary** abordent ce bestiaire, etc.

Enfin, la série **Stargate** et ses développements ainsi que **X-files** présentent bien des composantes de notre bestiaire. Je leur ai consacré un livre à chacun.

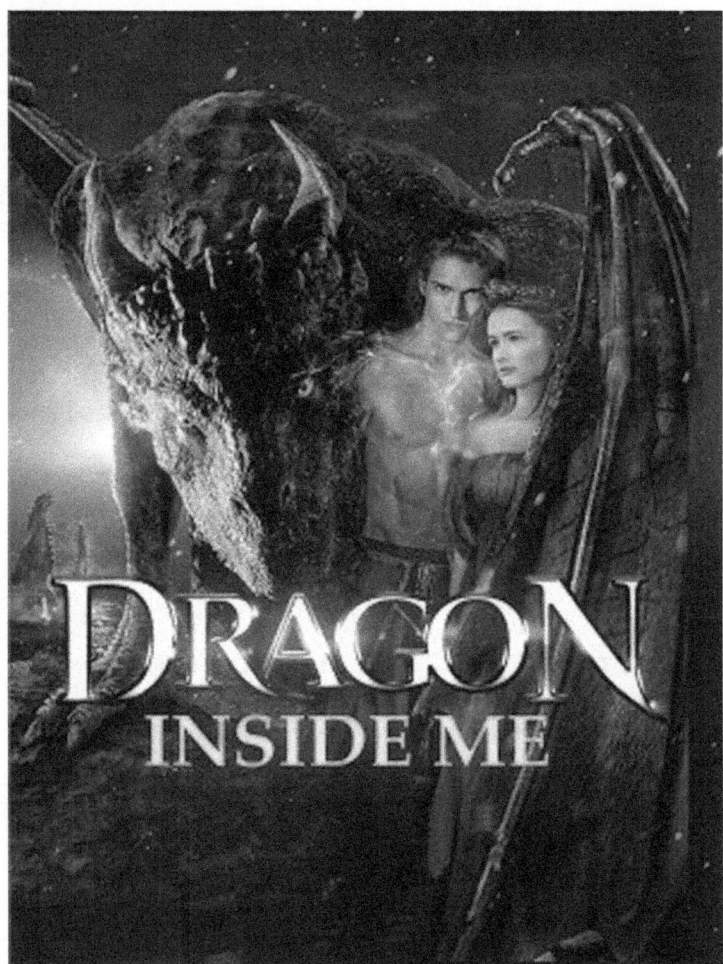

DRAGON
INSIDE ME

Filmographies

Les listes de films à thèmes qui suivent s'arrêtent en 2004, année de publication de mon livre « Un siècle de cinéma fantastique et de SF »
Elles permettent au lecteur de se faire une idée de la filmographie de chaque genre.

Dragons

(Je ne parlerai pas des dessins animés la plupart très niais !)
Les films de **Godzilla** (voir à **Godzilla**)

Le dragon du lac de feu de Matthews Robbins (1981) – **Excalibur** de John Boorman (1981) – **Merlin and the Sword** de Clive Donner (1983) – **L'histoire sans fin 1** de Wolfgang Petersen (1984) – **L'histoire sans fin 2** de George Miller (1989) – **L'histoire sans fin 3** de Peter Mc Donald (1995) – **Cœur de dragon** de Rob Cohen (1996) – **Donjons et dragons** de Courtney Solomon (2000) – **Le Seigneur des anneaux** de Peter Jackson (2001) – **Evolution** de Ivan Reitman (2001) – **Le règne du feu** de Rob Bowman (2002)

Godzilla

Les films d'Inoshiro Honda (1911–1993) :
Godzilla (1954) – **King Kong contre Godzilla** (1963) – **Mothra contre Godzilla** (1964) –

Godzilla contre la chose (1964) – **Invasion planète X** (1966) – **La Guerre des monstres** (1966) – **La Revanche de King Kong** (1967) – **Les Envahisseurs attaquent** 1968) – **La Revanche de Godzilla** (1969) – **Mechagodzilla contre attaque** (1975)

D'autres :

Le Retour de Godzilla de Motogoshi Udo (1955) – **Godzilla, roi des monstres** de Terry Morse (1956) – **Ebirah contre Godzilla** de Jun Fukuda (1966) – **Le Fils de Godzilla** de Jun Fukuda (1967) –**Godzilla contre Hedora** de Yoshimitu Banno (1971) – **Godzilla contre Gigan** de Jun Fukuda (1972) – **Godzilla et l'île des monstres** de Jun Fukuda (1972) – **Godzilla contre le monstre du brouillard** de Yoshimitu Banno (1972) –**Godzilla contre Megalon** de Jun Fukuda (1973) – **Godzilla contre le monstre de l'espace** de Jun Fukuda (1974) – **Godzilla 1985** de Kohji Hashimoto (1985) – **Godzilla** de Roland Emmerich (1998).

Insectes, araignées et autres...

Des Monstres attaquent la ville (Gordon Douglas) 1953, *des fourmis rendues géantes par les radiations* – **Tarantula** (Jack Arnold) 1955, *ah ! ces scientifiques avec leurs expériences...* – **La Chose surgie des ténèbres** (Nathan Juran) 1957, *cette fois la chose décongelée est une mante...* – **Les Monstres de**

l'enfer vert (Keneth Crane) 1957, *d'énormes insectes mutants dans la jungle* – **La Mouche noire** (Kurt Neuman) 1958, *un homme invente la désintégration des corps et leur reconstitution ; hélas, une mouche s'est introduite dans l'appareil en même temps que le savant...* – **Mothra contre Godzilla** (Inoshiro Honda) 1964, *une mite géante, puis ses deux « petits » luttent contre Godzilla* – **Les Survivants de l'apocalypse (ou de la fin du monde)** (1974) de Jack Smight, *scorpions géants et cafards désosseurs suite à l'apocalypse nucléaire* – **Invasion des araignées géantes** (Bill Rebane) 1975 – **Les insectes de feu** (Jeannot Szwarc) 1975, *après un tremblement de terre, des insectes incendiaires sortent des crevasses* – **L'empire des fourmis géantes** (Bert L. Gordon) 1977 – **L'Inévitable catastrophe** de Irwin Allen (1978) *abeilles tueuses* – **Phenomena** (Dario Argento) 1984, *insectes nécrophages* – **La Mouche** (David Cronenberg) 1988, *remake génial du film de 1958* –**Voyage au bout de l'horreur** (Terence H. Winkless) 1988, *cafards sanguinaires et désosseurs* – **Arachnophobie** (Frank Marshall) 1990, *une monstrueuse araignée est importée dans le cercueil de sa victime* – **La Secte** de Michele Soavi (1991) – **La Mouche 2** (Chris Walas) 1992 – **Ticks** (Tony Randel) 1993, *tiques devenues monstrueuses à cause de trafiquants de drogue* – **Phase IV** (Saul Bass) 1994, *fourmis tueuses* – **Mosquito** (Gary Jones) 1994, *moustiques géants* – **Men in Black** (Barry Sonnenfeld) 1997, *le* méchant du film est un extra-terrestre, énorme cafard géant – **Mimic** (Guillermo del Toro) 1997, *insectes géants tueurs prenant notre apparence dans le métro de New York –* **Starship Troopers** de Paul Verhœven (1998), *guerre contre des insectes extraterrestres !* – **Perdus dans l'espace** (Stephen Hopkins) 1998, *araignées teigneuses dans un vaisseau abandonné.*– **La Momie** (Stephen Sommers) 1999, *une nuée de sales cafards dévorent vivants les archéologues* – **Planète rouge** d'Anthony Hoffman (2000) *de petits insectes vous dévorent tout cru sur Mars* – **Éclosion** d'Ellory Elkayem 2000 – **Arac Attack !** d' Ellory Elkayem (2002) *les araignées sont magnifiques !* – **Arachnid** de Jack Sholder (2002) – **Harry Potter et la chambre des secrets** de Chris Colombus (2002) *des araignées géantes tentent (sans succès) de manger Harry* – **Infested** de Josh Olson (2002) *des mouches mutantes transforment les êtres humains en morts-vivants. On peut même plus compter sur le curé !*

Beaucoup de téléfilms sur les abeilles « tueuses », fourmis et autres frelons... et aussi :

Au Royaume des sables de Stuart Gillard (1995), le pilote de *Au-delà du réel l'aventure continue.* Excellente histoire de sales insectes importés de Mars...Et surtout l'excellent : **L'Île des morts** de Tim Southam (2000)

Des séquelles : **Starship Troopers 2** de Phil Tippett (2003) – **Mimic 2** de Jean De Segonsac (2003)

Autres sales petites bestioles :
Squirm de Jeff Lieberman (1976) *il y en des milliards de... vers de terre* – **The Stuff** de Larry Cohen (1985) *une histoire de parasite pas piquée des vers...* – **Slugs** de Juan Piquer Simon (1987) *un petit film d'horreur avec des... limaces mutantes carnivores* – **Tremors** de Ron Underwood (1989) *des vers géants préhistoriques sortent de terre pour dévorer tout ce qui passe* et ses suites : **Tremors 2 : les dents de la Terre** de S. Wilson (2001) - t **Tremors 3 : le retour** de Brent Madock (2002) et **Tremors 4** de S.S.Wilson (2007)

King Kong

King Kong de E.B. Schœdsack et M.C. Cooper (1933) – **Le fils de King Kong** (1933) d'Ernest B. Schœdsack – **Monsieur Joe** (1943) d'Ernest B. Schœdsack – **King Kong contre Godzilla** (quelle idée !) (1963) d'Inoshiro Honda – **La Revanche de King Kong** (1967) d'Inoshiro Honda – **King Kong** (1976) de John Guillermin – **King Kong revient** (1977) de Paul Leder – **Le colosse de Hong Kong** (1977) de Ho Meng-Hua – **King Kong II** (1986) de John Guillermin.

Loups-garous

Le Monstre de Londres de Stuart Walker (1935) – **Le Loup-garou** de George Waggner (1941) – **Frankenstein rencontre le loup-garou** de Ray William Ney (1943) – Dans les années quarante et cinquante, toute une série de films mêlant Frankenstein, Dracula, le Loup-garou, avec Christopher Lee, Lon Chaney Jr, Bela Lugosi et, bien sûr, Boris Karloff – **La Fille du loup-garou** d'Henry Levin (1944) – **La Nuit du loup-garou** de Terence Fisher (1961) – **Lycanthropus (Le monstre aux filles)** de Richard Benson (pseudo de Paolo Heusch 1961) – **Les Crocs de Satan** (La terreur des Banshee) de Gordon Hessler (1970) – **La Légende du loup-garou** de Freddy Francis (1974) – **The Beast must die** de Paul Annett (1974) – **Hurlements** de Joe Dante (1980) – **Wolfen** de Michael Wadleight (1980) – **Au-delà du réel** de Ken Russel (1981) – **Le Loup-garou de Londres** (1981) de John Landis – **La Compagnie des loups** de Neil Jordan (1984) – **Hurlements 2** de Philippe Mora (1984) – **Teen Wolf** de Rod Daniel (1985) – **Peur bleue** de D. Attis (1985) – **Wolf** (1994) de Mike Nichols – **Le Loup-garou de Paris** d'Anthony Waller (1997) – **Ginger Snaps** de John Fawcett (2001) – **Dog soldiers** de Neil Marshall (2002) – **Underworld** de Len Wiseman (2003) – **Van Helsing** de Stephen Sommers (2004)

Il faut aussi citer les films vidéo : **Full Eclipse**
d'Anthony Hickox (1993) – **L'antre de Frankenstein** de Peter Werner (1998) – **Ginger
Snaps** de John Fawcett (2001) (excellent !) –
Hurlements du N° 3 au N° 7 !

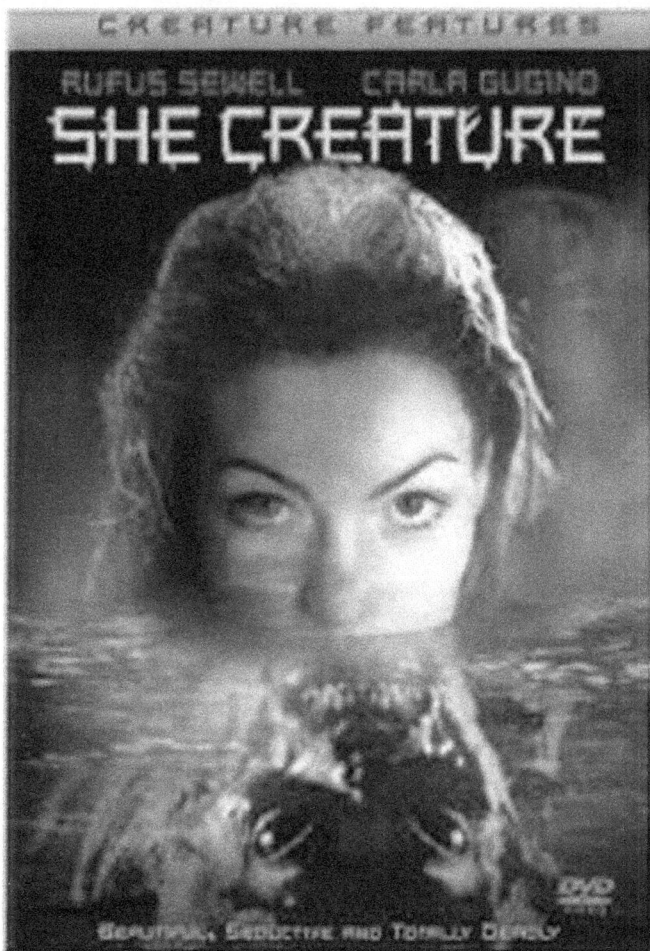

INDEX

www.ingramcontent.com/pod-product-compliance
Lightning Source LLC
Chambersburg PA
CBHW022004090426
42741CB00007B/883